박문각 행정사

브랜드만족
1위
박문각

근거자료
후면표기

2차

2025

이준희
행정절차론

박문각 행정사연구소 편_이준희

동영상 강의 www.pmg.co.kr

핵심요약집

박문각

박문각 행정사

이준희 행정절차론

핵심요약집 | 2차

PREFACE

머리말

행정절차론의 시험범위는 행정절차법, 공공기관의 정보공개에 관한 법률, 개인정보보호법, 질서위반행위규제법, 행정조사기본법, 행정규제기본법, 주민등록법과 가족관계의 등록 등에 관한 법률까지 총 8개의 법률로 이루어집니다.
40점 논술 문제 즉 사례형으로 출제되는 행정절차법의 경우 처분절차에 관한 대표적인 판례는 반드시 숙지해야 하지만 절차법을 제외한 개별법의 역대 기출 문제는 법조문을 정확하게 암기하였는지를 묻고 있습니다. 이때 수험생에게 8개 법의 조문은 절대적으로 많은 양이기에 전략적 접근이 필요합니다.

「행정사 행정절차론 핵심요약집」의 특징은 다음과 같습니다.

1. 행정절차론의 전 범위를 실전 답안용으로 정리하였습니다.

2. 행정절차론에서 출제 가능한 내용을 빠짐없이 수록하였습니다.

논술·약술 시험은 문제에서 주어진 논점을 바르게 파악하고 그에 맞는 내용을 중요 키워드별로 정해진 시간 안에 작성하는 싸움입니다. 따라서 시험에 작성할 분량을 정리하고 암기하셔야 합니다. 마지막으로 자신이 준비한 키워드를 채점자들이 인식할 수 있도록 작성하기 위해서는 계속해서 써보는 연습을 반복해야 합니다.

현재 행정사를 직업으로 갖고 있는 편저자이기에 행정사라는 자격이 상당히 매력 있는 전문 자격사임을 자부합니다. 이 교재로 학습하는 모든 수험생들이 함께 행정사로서 앞날을 꿈꾸길 기원합니다.

편저자 이준희

행정사 2차 시험 정보

1. 시험 일정: 매년 1회 실시

원서 접수	시험 일정	합격자 발표
2025년 8월경	2025년 10월경	2025년 12월경

2. 시험 과목 및 시간

교시	입실	시험 시간	시험 과목	문항 수	시험 방법
1교시	09:00	09:30~11:10 (100분)	**[공통]** ① 민법(계약) ② 행정절차론(행정절차법 포함)	과목당 4문항 (논술 1, 약술 3) ※ 논술 40점, 약술 20점	논술형 및 약술형 혼합
2교시	11:30	• 일반/해사 행정사 11:40~13:20 (100분) • 외국어번역 행정사 11:40~12:30 (50분)	**[공통]** ③ 사무관리론 (민원 처리에 관한 법률, 행정업무의 운영 및 혁신에 관한 규정 포함) **[일반행정사]** ④ 행정사실무법(행정심판사례, 비송사건절차법) **[해사행정사]** ④ 해사실무법(선박안전법, 해운법, 해사안전기본법, 해사교통안전법, 해양사고의 조사 및 심판에 관한 법률) **[외국어번역행정사]** 해당 외국어(외국어능력시험으로 대체 가능한 영어, 중국어, 일본어, 프랑스어, 독일어, 스페인어, 러시아어 등 7개 언어에 한함)		

외국어능력검정시험 성적표 제출

2차 시험 원서 접수 마감일 전 5년 이내에 실시된 것으로 기준 점수 이상이어야 함

● 영어

시험명	TOEIC	TEPS	TOEFL	G-TELP	FLEX	IELTS
기준 점수	쓰기시험 150점 이상	쓰기시험 71점 이상	쓰기시험 25점 이상	GWT 작문시험에서 3등급 이상(1, 2, 3등급)	쓰기시험 200점 이상	쓰기시험 6.5점 이상

● 일본어, 중국어, 스페인어, 프랑스어, 독일어, 러시아어

시험명	FLEX (공통)	신HSK (중국어)	DELE (스페인어)	DELF/DALF (프랑스어)	괴테어학 (독일어)	TORFL (러시아어)
기준 점수	쓰기 시험 200점이상	6급 또는 5급 쓰기 60점 이상	C1 또는 B2 작문 15점 이상	C2 독해/작문 25점 이상 및 C1 또는 B2 작문 12.5점 이상	C2 또는 B2 쓰기 60점 이상 및 C1 쓰기 15점 이상	1~4단계 쓰기 66% 이상

시험의 면제

1. **면제 대상:** 공무원으로 재직한 사람과 외국어 번역 업무에 종사한 경력이 있는 사람 등은 행정사 자격시험의 전부 또는 일부가 면제된다(제2차 시험 일부 과목 면제).

2. **2차 시험 면제 과목**

일반/해사행정사	행정절차론, 사무관리론
외국어번역행정사	민법(계약), 해당 외국어

합격자 결정 방법

1. **합격기준:** 1차 시험 및 2차 시험 합격자는 과목당 100점을 만점으로 하여 모든 과목의 점수가 40점 이상이고, 전 과목의 평균 점수가 60점 이상인 사람으로 한다(단, 2차 시험에서 외국어시험을 외국어능력검정시험으로 대체하는 경우에는 해당 외국어시험은 제외).

2. **최소합격인원:** 2차 시험 합격자가 최소선발인원보다 적은 경우에는 최소선발인원이 될 때까지 모든 과목의 점수가 40점 이상인 사람 중에서 전 과목 평균점수가 높은 순으로 합격자를 추가로 결정한다. 이 경우 동점자가 있어 최소선발인원을 초과하는 경우에는 그 동점자 모두를 합격자로 한다.

GUIDE

출제경향 분석

구분	행정절차법	정보공개법	개인정보 보호법	질서위반행위 규제법	행정조사기본법	행정규제기본법	주민등록법	가족관계등록법
제1회	공청회(40점) 행정예고(20점)				행정조사 기본 원칙(20점)	행정규제의 개념과 행정규제 법정주의(20점)		
제2회	불이익한 처분 절차(40점) 신고(20점)	비공개대상정보(20점)	정보주체의 권리(20점)					
제3회	청문 주재자(20점)		영상정보처리기기(40점)		사전통지와 연기신청(20점)		주민등록증 재발급(20점)	
제4회	불이익한 처분 절차(20점) 절차상 하자의 효력(10점) 하자의 치유(10점)	정보공개여부 결정 절차(20점)	개인정보 유출 통지(20점)	과태료 부과·징수 및 불복절차(20점)				
제5회	거부처분의 사전통지(20점) 온라인공청회(20점)	정보공개청구권자와 공공기관(20점)				규제영향분석 및 자체심사(20점)		가족관계등록부의 정정(20점)
제6회	이유제시 하자의 효력(20점) 하자의 치유(20점)	청구인의 구제수단(20점)		질서위반행위 성립(20점)	현장 조사의 절차 및 제한(20점)			
제7회	청문(40점)		개인정보의 개념과 손해배상책임(20점)		기본원칙 및 위법한 행정조사(20점)	규제개혁위원회(20점)		
제8회	신뢰보호 원칙(20점) 거부처분의 사전통지(20점)	제3자의 구제수단(20점)		관허사업의 제한과 고액·상습체납자에 대한 제재(20점)	행정조사 방법(20점)			
제9회	적용범위(10점) 절차상 하자여부와 효력(30점)	정보공개청구권자와 비공개대상정보(20점)	개인정보 자기결정권과 개인정보 보호원칙(20점)	적용 범위(20점)				
제10회	처분 방식(20점) 하자의 치유(20점)	공공기관과 부분공개(20점)			수시조사와 중복조사 제한(20점)	규제의 원칙과 규제개혁위원회(20점)		
제11회	사전통지(20점) 의견제출(20점)	부분공개(20점)		관허사업의 제한(20점)			주민등록번호의 정정과 변경(20점)	
제12회	신고의 법적 성질과 당사자등(20점) 거부처분의 사전통지, 이유제시(20점)		집단분쟁조정(20점)	약식재판에 대한 이의신청(20점)	자율관리체제의 구축신고(20점)			

CONTENTS

차 례

행정사
이준희 행정절차론

Chapter

01

행정절차법

Chapter

01 행정절차법

01 불이익한 처분절차

행정청이 공표한 처분기준에 따라 불이익한 처분을 하는 경우에는 사전에 통지하여 청문·공청회·의견제출 등의 의견청취 절차를 거친 후, 문서로 처분과 그 이유를 제시하고 구제방법 등을 고지하여야 한다. 이는 처분 당사자등의 절차적 권리이며, 당사자의 개인적 공권으로 보호되어야 한다.

02 거부처분 절차

행정청이 신청을 거부하기 위해서는 사전에 정하여진 기준에 따라 처리 기간 내에 처리결과를 문서로 통지하여야 한다. 문서에는 향후 불복 수단을 선택할 수 있도록 구체적인 거부 사유와 가능한 불복 수단을 고지한다. 다만 거부처분은 불이익한 처분이 아니므로 사전통지와 의견제출 절차를 거칠 필요는 없다.

03 절차적 하자를 검토하시오

행정과정에 대한 국민의 참여와 행정의 공정성, 투명성 및 신뢰성을 확보하고 국민의 권익을 보호함을 목적으로 하는 행정절차의 입법 목적 등에 비추어 보면, 특별한 면제사유에 해당하지 않는 한 행정절차는 의무적으로 실시되어야 한다. 따라서 절차의 본질적인 취지에 비추어 볼 때, ……

04 처분 절차의 하자

1. 절차상 하자의 독자적 위법성 인정 여부

(1) 문제점

「행정절차법」에는 절차상 하자에 대한 명문상 처리 규정이 존재하지 않는다.

(2) 견해의 대립

행정의 효율성을 강조하는 입장에서 절차 하자의 독자적 위법성을 부정하는 견해와 국민 권익 보호를 강조하는 입장에서 긍정하는 견해로 나뉜다. 판례는 절차상의 하자만을 이유로 행정행위의 취소를 구할 수 있다는 입장이다.

(3) 검토

「헌법」 제12조 적법절차원리가 일반조항으로서 행정절차에 유추적용 된다는 점을 볼 때, 절차의 하자도 기본권 침해에 해당하므로 절차 하자의 독자적 위법성을 인정하는 것이 타당하다.

2. 위법성의 정도

중대・명백설에 따라 절차상의 하자는 취소에 해당한다.

3. 치유

(1) 치유가능성

치유는 원칙적으로 부정되지만, 국민의 권익침해가 없고 행정의 능률적 수행이 가능하다면 그 한도 내에서 제한적으로 가능하다.

(2) 치유시기

학설은 ① 쟁송제기 이전시설과, ② 쟁송종결 이전시설이 대립하며, 판례는 치유를 허용하려면 적어도 처분에 대한 불복여부의 결정 및 불복신청에 편의를 줄 수 있는 상당한 기간 내에 치유행위가 있어야 한다고 판시하였다.

(3) 치유의 효과

위법은 소급적으로 제거되므로 행정행위는 처음부터 적법한 것으로 본다.

05 행정절차법 적용범위

1. 원칙(제3조 제1항)

「행정절차법」은 행정절차에 관한 일반법이다.

2. 적용배제사항(제3조 제2항)

(1) 국회 또는 지방의회의 의결을 거친 사항

(2) 법원 또는 군사법원의 재판에 의한 사항

(3) 헌법재판소의 심판을 거친 사항

(4) 각급 선거관리위원회의 의결을 거친 사항

(5) 감사원이 감사위원회의의 결정을 거친 사항

(6) 국가의 중대한 이익을 현저히 해칠 우려가 있는 사항

(7) 형사, 행형 및 보안처분 관계 법령에 따라 행하는 사항

(8) 심사청구, 해양안전심판, 조세심판, 특허심판, 행정심판, 그 밖의 불복절차에 따른 사항

(9) 「병역법」에 따른 징집·소집, 외국인의 출입국·난민인정·귀화, 공무원 인사 관계 법령에 따른 징계와 그 밖의 처분 등 해당 행정작용의 성질상 행정절차를 거치기 곤란하거나 거칠 필요가 없다고 인정되는 사항과 행정절차에 준하는 절차를 거친 사항으로서 대통령령으로 정하는 사항

사례 적용

1. **제3조 제1항**
다른 법률이 행정절차에 관한 특별한 규정을 적극적으로 두고 있는 경우이거나 다른 법률이 명시적으로 「행정절차법」의 규정을 적용하지 아니한다고 규정하고 있는 경우에는 「행정절차법」의 적용을 배제하고 다른 법률의 규정을 적용한다.

2. **제3조 제2항**
적용배제사항 전부에 대하여 「행정절차법」의 적용이 배제되는 것이 아니라 성질상 행정절차를 거치기 곤란하거나 행정절차에 준하는 절차를 거치도록 하고 있는 처분의 경우에만 적용이 배제된다.

3. **육군3사관학교 생도에 대한 퇴학처분**
(1) 대리인은 당사자등을 위하여 행정절차에 관한 모든 행위를 할 수 있다.
(2) 성질상 행정절차를 거치기 곤란하거나 불필요한 경우가 아니며, 행정절차에 준하는 절차를 거친 경우도 아니다. 따라서 「행정절차법」이 적용되어야 하므로 변호인에게 의견제출 기회를 주지 않은 것은 절차상 하자에 해당한다.

(3) 다만 징계심의대상자의 대리인이 관련된 행정절차에서 이미 실질적인 의견진술 절차를 거쳤다고 볼 수 있는 특별한 사정이 있는 경우에는 의견제출 절차의 본질적인 취지에 비추어 볼 때, 절차상 하자 여부는 해당 처분에 이르기까지의 전체적인 과정 등을 종합적으로 고려하여 판단하여야 한다. 따라서 징계처분은 적법하다.

4. **「행정절차법」 적용** ×

(1) 사람의 학식 · 기능에 관한 시험 · 검정의 결과에 따라 행하는 사항

(2) 학교 · 연수원 등에서 교육 · 훈련의 목적을 달성하기 위하여 학생 · 연수생들을 대상으로 하는 사항

(3) 보직해임/직위해제

5. **공정거래위원회 시정조치 및 과징금납부명령**

(1) 공정거래위원회의 의결 · 결정을 거쳐 행하는 사항에는 「행정절차법」 적용이 제외된다.

(2) 시정조치 및 과징금납부명령에 「행정절차법」상 의견청취절차 생략사유가 존재한다고 하더라도, 공정거래위원회는 「행정절차법」을 적용하여 의견청취 절차를 생략할 수는 없다.

(3) 불이익한 처분시 필요한 의견제출 기회는 처분 사유별로 부여하여야 한다.

(4) 이의신청을 하면서 의견을 제출하였더라도, 이로써 절차상 하자가 치유된다고 볼 수도 없다.

06 행정절차법 기본 원칙

1. 신의 성실

행정청은 직무를 수행할 때 신의에 따라 성실히 하여야 한다.

2. 신뢰보호[1]

행정청은 법령등의 해석 또는 행정청의 관행이 일반적으로 국민들에게 받아들여졌을 때에는 공익 또는 제3자의 정당한 이익을 현저히 해할 우려가 있는 경우를 제외하고는 새로운 해석 또는 관행에 따라 소급하여 불리하게 처리하여서는 아니 된다.

3. 투명성

(1) 행정청이 행하는 행정작용은 그 내용이 구체적이고 명확하여야 한다.

(2) 행정작용의 근거가 되는 법령등의 내용이 명확하지 아니한 경우 상대방은 해당 행정청에 그 해석을 요청할 수 있으며, 해당 행정청은 특별한 사유가 없으면 그 요청에 따라야 한다.

(3) 행정청은 상대방에게 행정작용과 관련된 정보를 충분히 제공하여야 한다.

4. 행정업무 혁신

(1) 행정청은 모든 국민이 균등하고 질 높은 행정서비스를 누릴 수 있도록 노력하여야 한다.

(2) 행정청은 정보통신기술을 활용하여 행정절차를 적극적으로 혁신하도록 노력하여야 한다.

(3) 행정청은 행정청이 생성하거나 취득하여 관리하고 있는 데이터를 행정과정에 활용하도록 노력하여야 한다.

---

1 일반적으로 행정청의 행위에 대하여 신뢰보호원칙이 적용되기 위해서는, ① 행정청이 개인에 대하여 신뢰의 대상이 되는 공적인 견해표명을 하여야 하고, ② 행정청의 견해표명이 정당하다고 신뢰한 데에 대하여 그 개인에게 귀책사유가 없어야 하며, ③ 그 개인이 그 견해표명을 신뢰하고 이에 상응하는 어떠한 행위를 하였어야 하고, ④ 행정청이 그 견해표명에 반하는 처분을 함으로써 견해표명을 신뢰한 개인의 이익이 침해되는 결과가 초래되어야 하며, ⑤ 그 견해표명에 따른 행정처분을 할 경우 이로 인하여 공익 또는 제3자의 정당한 이익을 현저히 해할 우려가 있는 경우가 아니어야 한다.

07 관할과 협조

1. 관할

(1) 관할이 아닌 사안은 관할 행정청에 이송하고 신청인에게 통지하여야 한다.

(2) 관할이 분명하지 아니한 경우 상급 행정청이 그 관할을 결정한다.

2. 행정청 간의 협조

(1) 행정청은 행정의 원활한 수행을 위하여 서로 협조하여야 한다.

(2) 행정청은 행정협업의 방식으로 적극적으로 협조하여야 한다.

3. 행정응원

(1) 행정응원 요청사유

① 법령등의 이유로 독자적인 직무 수행이 어려운 경우
② 사실상의 이유로 독자적인 직무 수행이 어려운 경우
③ 다른 행정청에 소속되어 있는 전문기관의 협조가 필요한 경우
④ 다른 행정청이 관리하고 있는 행정자료가 필요한 경우
⑤ 보다 능률적이고 경제적인 경우

(2) 행정응원 거부사유

① 다른 행정청이 보다 능률적이거나 경제적으로 응원할 수 있는 명백한 이유가 있는 경우
② 고유의 직무 수행이 현저히 지장 받을 것으로 인정되는 명백한 이유가 있는 경우

08 당사자등

1. 개념

행정청의 처분에 대하여 직접 그 상대가 되는 당사자와 행정청이 직권으로 또는 신청에 따라 행정절차에 참여하게 한 이해관계인을 의미한다.

2. 자격

(1) 자연인

(2) 법인, 법인이 아닌 사단 또는 재단

(3) 다른 법령등에 따라 권리·의무의 주체가 될 수 있는 자

3. 지위의 승계

(1) 당사자등이 사망하였을 때의 상속인과 다른 법령등에 따라 당사자등의 권리 또는 이익을 승계한 자는 당사자등의 지위를 승계한다.

(2) 법인등이 합병하였을 때에는 합병 후 존속하는 법인등 또는 새로 설립된 법인등이 당사자등의 지위를 승계한다.

(3) 처분에 관한 권리 또는 이익을 사실상 양수한 자는 행정청의 승인을 받아 당사자등의 지위를 승계할 수 있다.

사례 적용

1. **영업자지위승계신고를 수리하는 처분**
   영업자지위승계신고를 수리하는 처분은 양도인의 권익을 제한하는 처분이다. 따라서 양도인은 그 처분에 대하여 당사자에 해당한다.

2. **고시에 의한 불이익한 처분**
   고시의 방법으로 불특정 다수인을 상대로 의무를 부과하거나 권익을 제한하는 처분은 성질상 의견제출의 기회를 주어야 하는 상대방을 특정할 수 없으므로, 그 상대방에게 의견제출의 기회를 주어야 한다고 해석할 것은 아니다.

09 대표자 · 대리인

1. 선정 · 변경 · 해임

당사자등은 대표자·대리인을 선임하거나 변경·해임할 수 있다. 당사자등이 대표자·대리인을 선임하거나 변경·해임하였을 때에는 지체 없이 그 사실을 행정청에 통지하여야 한다.

2. 권한

당사자등을 위하여 행정절차에 관한 모든 행위를 할 수 있다. 다만, 행정절차를 끝맺는 행위에 대하여는 당사자등의 동의를 받아야 한다.

10 송달

1. 송달의 방법

(1) 원칙

① 우편, 교부 또는 정보통신망 이용 등의 방법으로 한다.

② 교부에 의한 송달은 수령확인서를 받고 문서를 교부한다. 송달받을 자를 만나지 못한 경우에는 사리를 분별할 지능이 있는 사무원등에게 문서를 교부할 수 있다. 다만, 문서를 송달받을 자 또는 그 사무원등이 정당한 사유 없이 송달받기를 거부하는 때에는 그 사실을 수령확인서에 적고, 문서를 송달할 장소에 놓아둘 수 있다.

③ 정보통신망을 이용한 송달은 송달받을 자가 동의하고 송달받을 전자우편주소 등을 지정한 경우만 한다.

(2) 예외

송달받을 자의 주소 등을 통상적인 방법으로 확인할 수 없는 경우 또는 송달이 불가능한 경우 등에는 송달받을 자가 알기 쉽도록 관보 등에 공고하고 인터넷에도 공고하여야 한다. 송달받을 자의 개인정보를 「개인정보 보호법」에 따라 보호하여야 한다.

2. 송달의 효력발생

(1) 원칙

해당 문서가 송달받을 자에게 도달됨으로써 그 효력이 발생한다.
정보통신망을 이용하여 송달하는 경우에는 송달받을 자가 지정한 컴퓨터 등에 입력된 때에 도달된 것으로 본다.

(2) 예외

공고에 의하여 송달하는 경우에는 다른 법령등에 특별한 규정이 있는 경우를 제외하고는 공고일로부터 14일이 지난 때에 그 효력이 발생한다.

11 사전 통지

1. 대상

당사자에게 불이익한 처분을 하는 경우에는 미리 해당 사항을 당사자등에게 통지하여야 한다.

2. 사전 통지의 면제사유[2]

(1) 공공의 안전 또는 복리를 위하여 긴급히 처분을 할 필요가 있는 경우

(2) 법령등에서 요구된 자격이 없거나 없어지게 되면 반드시 일정한 처분을 하여야 하는 경우에 그 자격이 없거나 없어지게 된 사실이 법원의 재판 등에 의하여 객관적으로 증명되는 경우

(3) 해당 처분의 성질상 의견청취가 현저히 곤란하거나 명백히 불필요하다고 인정될 만한 상당한 이유가 있는 경우

3. 사전 통지 기간

(1) 청문

청문이 시작되는 날부터 10일 전까지는 당사자등에게 통지하여야 한다.

(2) 의견제출

의견제출에 필요한 기간을 10일 이상으로 고려하여 정하여야 한다.

4. 거부처분

신청에 따른 처분이 이루어지지 않은 경우에는 아직 당사자에게 권익이 부과되지 아니하였으므로 특별한 사정이 없는 한 신청에 대한 거부처분이라고 하더라도 직접 당사자의 권익을 제한하는 것은 아니다.

---

2 (4) 법령등에서 정한 기술적 기준이 명확하고, 그 기준에 현저히 미치지 못하여 처분을 하려는 경우
(5) 금전급부를 명하는 경우 요건이 명백하고, 금액산정에 재량의 여지가 없거나 요율이 명확한 경우

사례 적용

1. 반드시 일정한 처분을 하여야 하는 경우

(1) 처분의 전제가 되는 '일부' 사실만 증명된 경우이거나 의견청취에 따라 행정청의 처분 여부나 처분 수위가 달라질 수 있는 경우라면 반드시 일정한 처분을 하여야 하는 경우에 해당하지 않는다.

(2) 甲이 3차 조치명령 이전에 관할 시장으로부터 1차, 2차 조치명령을 받았고, 형사재판절차에서 위 각 조치명령 불이행의 범죄사실에 관하여 유죄판결을 선고받은 후 그 판결이 확정되었다고 하더라도, 유죄판결 확정 이후부터 3차 조치명령 당시까지 시간적 간격이 있으므로 사정변경의 여지가 있다.

(3) 폐기물 처리 조치명령은 재량행위에 해당하므로, 3차 조치명령은 법원의 재판 등에 따라 처분의 전제가 되는 사실이 객관적으로 증명되면 행정청이 반드시 일정한 처분을 해야 하는 경우 등 의견청취가 행정청의 처분 여부나 그 수위 결정에 영향을 미치지 못하는 경우에 해당한다고 보기 어렵다.

2. 현저히 곤란하거나 명백히 불필요하다고 행정청이 주장하는 경우

(1) 처분의 성질상 현저히 곤란하거나 명백히 불필요하다고 인정될 만한 상당한 이유가 있는 경우란 해당 행정처분의 성질에 비추어 판단하여야 하는 것이지, [...]으로 판단할 것이 아니다.

예 [...]의 예시

① 행정지도방식에 의한 사전고지나 그에 따른 당사자의 자진 폐공의 약속 등의 사유

② 행정조사 과정에서 조사대상자가 위반사실을 시인하였거나 위반경위를 진술하였다는 사정

③ 처분을 연기하여 달라는 내용의 청문서를 작성하여 제출하였다는 사정

④ 시보임용처분이 무효인 경우 별도의 정규임용처분을 취소하는 처분

⑤ 손실보상금을 기대하여 공사를 강행할 우려가 있다는 사정

⑥ 청문통지서가 반송되었다거나, 행정처분의 상대방이 청문일시에 불출석하였다는 이유

(2) 사전통지 절차가 필요 없는 경우

퇴직연금의 환수결정(관련 법령에 따라 당연히 환수금액이 정하여지는 것은 절차가 필요 없다.)

3. 절차를 준수하였다고 행정청이 주장하는 경우

(1) 절차는 해당 처분 자체에서 준수되어야 한다.

(2) 보조금 반환 명령과 평가인증 취소처분

① 절차에 관한 사항을 일부 정하고 있다 하더라도 이러한 사정만으로 「행정절차법」 제3조 제1항이 정한 '다른 법률에 특별한 규정이 있는 경우'에 해당하여 「행정절차법」 적용이 배제되는 것은 아니다.

② 평가인증취소처분과 보조금 반환 명령은 전혀 별개의 절차이다.

③ 절차는 해당 처분 자체에서 준수되어야 한다. 따라서 보조금 반환 명령 당시 사전통지 및 의견제출의 기회가 부여되었다 하더라도 그 사정만으로 사전통지 및 의견제출을 하지 아니한 평가인증취소처분은 위법하다.

(3) 수사과정 및 징계과정에서 자신의 비위행위에 대한 해명기회를 가졌다는 사정만으로 절차를 준수한 것은 아니다.

12 이유제시

1. 의의

당사자에게 처분의 근거가 된 법적 · 사실적 사유를 처분 시까지 구체적으로 명시하여야 한다.

2. 대상

이유제시는 모든 처분을 대상으로 한다.

3. 면제사유

(1) 신청 내용을 모두 그대로 인정하는 처분인 경우

(2) 단순 · 반복적인 처분 또는 경미한 처분으로서 당사자가 그 이유를 명백히 알 수 있는 경우

(3) 긴급히 처분을 할 필요가 있는 경우

4. 이유제시의 정도

「행정절차법」은 명시적 규정을 두고 있지 않지만, 적어도 처분의 상대방 · 기타 이해관계인이 이를 기초로 하여 차후 행정구제절차에 대처할 수 있을 정도로 구체적이어야 한다.
따라서 처분의 근거법령, 해당 조항 및 문언, 당해 근거법조를 적용하게 된 원인사실 및 포섭의 경위가 명시되어야 한다. 또한 재량행위의 경우 재량행사의 전후과정이 제시되어야 한다.
한편, 사실적 이유는 법률요건에 해당하는 사실만 제시하면 된다.

사례 적용

1. **이유제시 제도의 목적과 취지**
   이유제시 제도는 행정청이 처분을 하는 때에는 당사자에게 그 근거와 이유를 제시하도록 규정하고 있는 바, 이는 행정청의 자의적 결정을 배제하고 당사자로 하여금 행정구제절차에서 적절히 대처할 수 있도록 하는 데 그 취지가 있다.

2. **이유제시 정도**
   처분에는 그 근거가 되는 법령등을 명시하여야 함은 물론 처분을 받은 자가 어떠한 위반사실에 대하여 당해 처분이 있었는지를 알 수 있을 정도로 사실을 적시할 것을 요하며, 이와 같은 취소처분의 근거와 위반사실의 적시를 빠뜨린 하자는 피처분자가 처분 당시 그 취지를 알고 있었다거나 그 후 알게 되었다 하여도 치유될 수 없다.
   일반주류도매업면허취소통지에 "상기 주류도매장은 무면허 주류판매업자에게 주류를 판매하여 「주세법」 제11조 및 「국세법사무처리규정」 제26조에 의거 지정조건위반으로 주류판매면허를 취소합니다."라고만 되어 있어서 원고의 영업기간과 거래상대방 등에 비추어 원고가 어떠한 거래행위로 인하여 이 사건 처분을 받았는지 알 수 없게 되어 있다면 이 면허취소처분은 위법하다.

3. **이유제시의 하자 인정**
   납세고지서에 세액산출근거 등의 기재사항이 누락되었거나 과세표준과 세액의 계산명세서가 첨부되지 않았다면 적법한 납세의 고지라고 볼 수 없으며, 위와 같은 납세고지의 하자는 납세의무자가 그 나름대로 산출근거를 알고 있다거나 사실상 이를 알고서 쟁송에 이르렀다 하더라도 치유되지 않는다.

4. **근거를 알 수 있을 정도로 이유를 제시한 경우**
   이유제시 제도의 취지에 비추어, 처분을 하면서 당사자가 그 근거를 알 수 있을 정도로 이유를 제시한 경우에는 처분의 근거와 이유를 구체적으로 명시하지 않았더라도 그로 말미암아 해당 처분이 위법하다고 볼 수는 없다. 당사자가 그 근거를 알 수 있을 정도인지 여부는 당해 처분에 이르기까지의 전체적인 과정 등을 종합적으로 고려하여 판단한다.

5. **거부처분의 경우**
   일반적으로 당사자가 근거규정 등을 명시하여 신청하는 인·허가 등을 거부하는 처분은 당사자가 그 근거를 알 수 있을 정도로 상당한 이유를 제시한 경우에는 당해 처분의 근거 및 이유를 구체적 조항 및 내용까지 명시하지 않았더라도 절차상 하자가 있다고 볼 수 없다.

6. **정성적 평가의 경우**
   교육부장관이 어떤 후보자를 총장으로 임용제청하는 행위 자체에 그가 총장으로 더욱 적합하다는 정성적 평가 결과가 당연히 포함되어 있는 것으로, 이로써 「행정절차법」상 이유제시의무를 다한 것이라고 보아야 한다.

13 의견 청취

1. 의견제출

(1) 의의

행정청이 어떠한 행정작용을 하기에 앞서 당사자등이 의견을 제시하는 절차로서 청문이나 공청회에 해당하지 아니하는 절차를 말한다.

(2) 대상

「행정절차법」은 불이익한 처분에 있어 청문 또는 공청회를 거치지 않은 경우 의견제출 절차를 의무적으로 거치도록 규정하고 있다.

2. 청문

(1) 의의

행정청이 처분에 앞서 당사자등의 의견을 직접 듣고 증거를 조사하는 절차이다.

(2) 대상

① 다른 법령등에서 청문을 실시하도록 규정하고 있는 경우
② 행정청이 필요하다고 인정하는 경우
③ 인허가 등의 취소, 신분·자격의 박탈, 법인이나 조합 등의 설립허가의 취소 처분을 하는 경우

3. 공청회

(1) 의의

행정청이 공개적인 토론을 통하여 어떠한 행정작용에 대하여 의견을 널리 수렴하는 절차이다.

(2) 대상

① 다른 법령등에서 공청회를 개최하도록 규정하고 있는 경우
② 처분의 영향이 광범위하여 널리 의견을 수렴할 필요가 있다고 행정청이 인정하는 경우
③ 국민생활에 큰 영향을 미치는 처분(국민 다수의 생명, 안전 및 건강에 큰 영향을 미치는 처분 또는 소음 및 악취 등 국민의 일상생활과 관계되는 환경에 큰 영향을 미치는 처분)으로서 30명 이상의 당사자등이 공청회 개최를 요구하는 경우

4. 예외

(1) 공공의 안전 또는 복리를 위하여 긴급히 처분을 할 필요가 있는 경우

(2) 법령등에서 요구된 자격이 없거나 없어지게 되면 반드시 일정한 처분을 하여야 하는 경우에 그 자격이 없거나 없어지게 된 사실이 법원의 재판 등에 의하여 객관적으로 증명되는 경우

(3) 해당 처분의 성질상 의견청취가 현저히 곤란한 경우

(4) 당사자가 의견진술의 기회를 포기한다는 뜻을 의견제출 기간 내에 명백히 표시한 경우

14 의견제출 절차(방법 및 관리)

1. 의견제출방법

(1) 당사자등은 서면이나 말 또는 정보통신망을 이용하여 의견제출을 할 수 있다.

(2) 당사자등은 증거자료 등을 첨부할 수 있다.

(3) 행정청은 당사자등이 말로 의견제출을 하였을 때에는 서면으로 그 진술의 요지와 진술자를 기록하여야 한다.

(4) 당사자등이 정당한 이유 없이 의견제출 기한까지 의견제출을 하지 아니한 경우에는 의견이 없는 것으로 본다.

2. 제출 의견의 관리

(1) 행정청은 처분을 할 때에 당사자등이 제출한 의견이 상당한 이유가 있다고 인정하는 경우에는 이를 반영하여야 한다.

(2) 행정청은 당사자등이 제출한 의견을 반영하지 아니하고 처분을 한 경우 당사자등이 처분이 있음을 안 날부터 90일 이내에 그 이유의 설명을 요청하면 서면으로 그 이유를 알려야 한다. 다만, 당사자등이 동의하면 말, 정보통신망 또는 그 밖의 방법으로 알릴 수 있다.

(3) 행정청은 의견제출을 거쳤을 때에는 신속히 처분하여 해당 처분이 지연되지 아니하도록 하여야 한다.

(4) 행정청은 처분 후 1년 이내에 당사자등이 요청하는 경우에는 의견제출을 위하여 제출받은 서류나 그 밖의 물건을 반환하여야 한다.

3. 문서의 열람

(1) 당사자등은 처분의 사전통지가 있는 날부터 의견제출 기한까지 문서의 열람 또는 복사를 요청할 수 있다.

(2) 행정청이 다른 법령에 따라 열람 또는 복사의 요청을 거부하는 경우에는 그 이유를 소명하여야 한다.

15 청문 주재자

1. 청문 주재자의 선임 · 지위

(1) 행정청은 소속 직원 또는 대통령령으로 정하는 자격을 가진 사람 중에서 청문 주재자를 공정하게 선정하여야 한다.

(2) 행정청은 다수 국민의 이해가 상충되거나 다수 국민에게 불편이나 부담을 주는 처분을 하려는 경우에는 청문 주재자를 2명 이상으로 선정할 수 있다.

(3) 행정청은 2명 이상의 청문 주재자를 선정하는 경우 전체 청문 주재자의 2분의 1 이상을 대통령령으로 정하는 자격을 가진 사람 중에서 선정해야 한다.

(4) 행정청은 2명 이상의 청문 주재자 중에서 청문사안에 대한 중립성 · 전문성 등을 고려하여 대표주재자 1명을 선정해야 한다.

(5) 대표주재자는 청문 주재자를 대표하여 청문을 진행과 종결을 하며, 청문조서 및 의견서를 대표로 작성한다.

(6) 대표주재자는 청문 주재자 사이에 의견이 일치하지 않는 경우에는 그 내용을 청문 주재자의 의견서에 모두 기록해야 한다.

2. 청문 주재자의 제척 · 기피 · 회피

「행정절차법」은 공정한 청문을 위하여 청문 주재자 제척 · 기피 · 회피 사유를 명문으로 규정하고 있다.

16 청문 절차

1. 사전통지

행정청은 청문이 시작되는 날부터 10일 전까지 일정 사항을 통지하여야 한다.

2. 진행

(1) 청문 주재자가 진행한다.

(2) 의견서를 제출한 경우에는 출석하여 진술한 것으로 본다.

(3) 청문 주재자는 직권으로 필요한 조사를 할 수 있다.

3. 결과의 반영

청문결과가 상당한 이유가 있는 경우 처분에 반영하여야 한다.

4. 문서의 열람

(1) 당사자등은 청문의 통지가 있는 날부터 청문이 끝날 때까지 문서의 열람 또는 복사를 요청할 수 있다.

(2) 행정청이 다른 법령에 따라 열람 또는 복사의 요청을 거부하는 경우에는 그 이유를 소명하여야 한다.

5. 공개

청문은 비공개를 원칙으로 한다.

6. 종결과 재개

(1) 청문 주재자는 해당 사안에 대하여 조사가 충분히 이루어졌다고 인정하는 경우 또는 정당한 사유 없이 청문기일에 출석하지 아니하거나 의견서를 제출하지 아니한 경우에는 청문을 마칠 수 있다.

(2) 정당한 사유로 청문기일에 출석하지 못하거나 의견서를 제출하지 못한 경우에는 10일 이상의 기간을 정하여 이들에게 의견진술 및 증거제출을 요구하여야 하며, 해당 기간이 지났을 때에 청문을 마칠 수 있다.

(3) 행정청은 청문을 마친 후 처분을 할 때까지 새로운 사정이 발견되면 청문의 재개를 명할 수 있다.

청문 관련 논점 정리

1. **법령에서 규정한 청문을 실시하지 않은 처분**

   법령에 청문의 실시를 규정한 경우 청문은 의무적 절차이므로 청문을 실시하지 않은 처분은 절차상 하자가 있는 위법한 처분이다.

2. **훈령에서 규정한 청문을 실시하지 않은 불이익한 처분**

   훈령은 행정 내부적 지침에 해당하는 행정명령에 불과하므로 대외적 구속력이 없다. 따라서 훈령상 청문의 실시를 규정한 경우 청문을 실시하지 않은 처분은 적법한 처분이다. 다만 불이익한 처분에 해당하므로 처분시 당사자에게 의견제출 절차를 의무적으로 부여하여야 한다.

3. **명문상 청문 실시 규정이 없는 경우 청문을 거치지 않고 의견제출 기회만 부여한 불이익한 처분**

   (1) 인허가 등의 취소, 신분·자격의 박탈, 법인이나 조합 등의 설립허가의 취소 처분을 하는 경우 청문은 의무적 절차이므로 청문을 실시하지 않은 처분은 절차상 하자가 있는 위법한 처분이다.

   (2) 인허가 등의 취소, 신분·자격의 박탈, 법인이나 조합 등의 설립허가의 취소의 처분을 하는 경우가 아니라면 의견제출 기회를 부여했으므로 적법한 처분이다.

4. **당사자 사이에 청문의 실시 등을 배제한다는 협약을 두었다는 이유로 법령상 규정한 청문을 실시하지 않은 처분**

   행정청과 당사자가 관련 협약을 체결하면서 청문의 실시를 배제하는 조항을 두었다고 하더라도, 협약의 존재만으로 당사자가 포기한다는 뜻을 명백히 표시한 경우에 해당한다고 할 수 없다. 따라서 협약을 이유로 청문을 배제한 채 행한 행정청의 처분은 절차상 하자가 있는 위법한 처분이다.

5. **청문통지서를 여러 차례 발송하였으나 반송되었다는 이유로 법령상 규정한 청문을 실시하지 않은 처분**

   「행정절차법」상 예외 사유인 당해 처분의 성질상 의견청취가 현저히 곤란한 경우란 당해 행정처분의 성질에 비추어 판단하여야 하는 것이지, 청문통지서의 반송 여부, 청문통지의 방법 등에 의하여 판단할 것은 아니다. 따라서 청문을 실시하지 아니하였다면 절차상 하자가 있는 위법한 처분이다.

6. **청문통지서를 7일 전에 발송하였으나 상대방이 청문기일에 출석하여 충분한 의견을 제출하고 이를 반영하여 내린 처분**

   절차적 하자가 있는 처분이지만 그 하자가 치유되어 적법한 처분이다.

7. **정당한 사유로 청문기일에 출석하지 못하였는데 바로 청문을 종결**

   10일 이상의 기간을 정하여 다시 의견청취를 하지 아니하였다면 절차상 하자가 있는 위법한 처분이다.

17 온라인 공청회

1. 원칙

행정청은 공청회와 병행하여서만 온라인공청회를 실시할 수 있다.

2. 온라인 공청회 단독 개최

(1) 국민의 안전 또는 권익보호 등의 이유로 공청회를 개최하기 어려운 경우

(2) 공청회가 행정청이 책임질 수 없는 사유로 개최되지 못하거나 개최는 되었으나 무산된 횟수가 3회 이상인 경우

(3) 행정청이 온라인공청회를 단독으로 개최할 필요가 있다고 인정하는 경우(다만, 다른 법령등에서 공청회를 개최하도록 규정하고 있는 경우와 국민생활에 큰 영향을 미치는 처분으로서 일정 수 이상의 당사자등이 공청회 개최를 요구하는 경우에 해당하여 공청회를 실시하는 경우는 제외)

3. 온라인공청회를 실시하는 경우에는 누구든지 정보통신망을 이용하여 토론에 참여할 수 있다.

4. 행정청은 온라인공청회를 통하여 제시된 사실 및 의견이 상당한 이유가 있다고 인정하는 경우에는 이를 반영하여야 한다.

18 처분의 방식

1. 원칙

행정청의 처분은 문서로 하여야 한다.

2. 예외

(1) 전자문서

① 당사자등의 동의가 있는 경우에 해당하는 경우와 ② 당사자가 전자문서로 처분을 신청한 경우에는 전자문서로 할 수 있다.

(2) 구술 등

긴급히 처분을 할 필요가 있거나 사안이 경미한 경우에는 구술 등 기타 방법으로 할 수 있으며, 이 경우 당사자의 요청 시 지체 없이 처분에 관한 문서를 교부하여야 한다.

3. 실명제

처분 행정청과 담당자의 소속 · 성명 및 연락처를 적어야 한다.

사례 적용

1. **구술로 고지한 처분의 효력**
「행정절차법」상 행정청이 처분을 할 때에는 다른 법령 등에 특별한 규정이 있는 경우를 제외하고는 문서로 하여야 한다고 규정한 취지는 처분내용의 명확성을 확보하고 처분의 존부에 관한 다툼을 방지하여 처분상대방의 권익을 보호하기 위한 것이므로, 이를 위반한 처분은 하자가 중대 · 명백하여 무효이다.

2. **문서의 해석 방법**
행정청이 문서에 의하여 처분을 한 경우 처분서의 문언이 불분명하다는 등의 특별한 사정이 없는 한, 문언에 따라 어떤 처분을 하였는지를 확정하여야 한다. 처분서의 문언만으로도 행정청이 어떤 처분을 하였는지가 분명한데도 처분 경위나 처분 이후의 상대방의 태도 등 다른 사정을 고려하여 처분서의 문언과는 달리 다른 처분까지 포함되어 있는 것으로 확대해석해서는 안 된다.
따라서 인사발령통지서에 지방공무원에 대한 지방소방사시보 발령을 취소한다고만 기재되어 있었다면, 위 지방공무원이 그 통지에 대하여 이의를 제기하지 않았다고 하더라도 위 인사발령통지서에 지방소방사 정규임용행위까지 취소한다는 취지가 포함되어 있다고 볼 수 없다.

19 처분의 신청

1. 신청 방법

(1) 행정청에 처분을 구하는 신청은 문서로 하여야 한다.

(2) 전자문서는 행정청의 컴퓨터 등에 입력된 때에 신청한 것으로 본다.

2. 편의 제공

(1) 행정청은 편람을 갖추어 두고 누구나 열람할 수 있도록 한다.

(2) 행정청은 다른 행정청에 신청을 접수하게 할 수 있다.

3. 접수

(1) 행정청은 접수를 보류 또는 거부하거나 부당하게 되돌려 보내서는 아니 되며, 신청인에게 접수증을 주어야 한다.

(2) 하자가 있는 경우에는 필요한 상당한 기간을 정하여 지체 없이 신청인에게 보완을 요구하여야 한다.

(3) 행정청은 신청인이 기간 내에 보완을 하지 아니하였을 때에는 그 이유를 구체적으로 밝혀 접수된 신청을 되돌려 보낼 수 있다.

4. 처리

(1) 행정청은 관계 행정청과의 신속한 협조를 통하여 당해 처분이 지연되지 아니하도록 하여야 한다.

(2) 행정청은 처분의 처리기간을 종류별로 미리 정하여 공표하여야 하며, 원칙상 처리기간 내에 처리를 하여야 한다. 다만, 행정청은 부득이한 경우 당해 처분의 처리기간 내에서 1회에 한하여 그 기간을 연장할 수 있다.

(3) 신청인은 처분이 있기 전에는 보완·변경하거나 취하할 수 있다.

5. 신청의 효력발생

문서가 행정청에 도달됨으로써 그 효력이 발생한다. 전자문서인 경우에는 행정청의 컴퓨터 등에 입력된 때에 도달된 것으로 본다.

20 처분기준과 처리기간 설정공표

1. 처분기준의 설정공표

(1) 원칙

행정청은 처분기준을 해당 처분의 성질에 비추어 구체적으로 공표하여야 한다.
인허가의제의 경우 관련 인허가 행정청은 관련 인허가의 처분기준을 주된 인허가 행정청에 제출하여야 하고, 주된 인허가 행정청은 제출받은 관련 인허가의 처분기준을 통합하여 공표하여야 한다.

(2) 예외

처분의 성질상 현저히 곤란하거나 공공의 안전 또는 복리를 현저히 해치는 것으로 인정될 만한 상당한 이유가 있는 경우에는 처분기준을 공표하지 아니할 수 있다.

(3) 해석의 요청

당사자등은 공표된 처분기준이 명확하지 아니한 경우 해당 행정청에 그 해석 또는 설명을 요청할 수 있다. 이 경우 해당 행정청은 특별한 사정이 없으면 그 요청에 따라야 한다.

(4) 처분기준과 다른 처분의 효력

① 처분기준이 법령에 규정되어 있는 경우

처분기준을 위반한 행정청의 처분은 위법한 처분이다. 다만, 판례는 시행규칙으로 규정한 처분기준의 경우 행정규칙으로 본다.

② 처분기준이 행정규칙으로 규정된 경우

행정규칙은 대외적 구속력이 없으므로 행정청의 처분이 처분기준을 위반하여도 적법한 처분이다. 다만, 행정청의 처분이 「행정법」 일반원칙을 침해하는 경우 그 처분의 위법성을 주장할 수 있다.

2. 처리기간의 설정공표

(1) 원칙

행정청은 신청인의 편의를 위하여 처분의 처리기간을 종류별로 미리 정하여 공표하여야 한다.

(2) 처리기간의 연장

행정청은 부득이한 경우에는 해당 처분의 처리기간의 범위에서 한 번만 그 기간을 연장할 수 있다. 이 경우에는 연장 사유와 처리 예정 기한을 지체 없이 신청인에게 통지하여야 한다.

(3) 신속처리 요청

행정청이 정당한 처리기간 내에 처리하지 아니하였을 때에는 신청인은 해당 행정청 또는 그 감독 행정청에 신속한 처리를 요청할 수 있다.

> **사례 적용 – 처리기간을 위반한 처분의 효력**
> 행정청이 신청인의 편의를 위하여 처분의 처리기간을 정하는 것은 신청에 따른 사무를 가능한 한 조속히 처리하도록 하기 위한 것이다. 처리기간에 관한 규정은 훈시규정에 불과할 뿐 강행규정이라고 볼 수 없다. 이러한 처리기간에 대한 성질을 비추어 볼 때 행정청이 처리기간이 지나 처분을 하였더라도 이를 처분을 취소할 절차상 하자로 볼 수는 없다.

21 신고의 절차와 효과

1. 「행정절차법」상 신고의 절차

(1) 편람

행정청은 신고에 필요한 사항을 게시(인터넷 등을 통한 게시를 포함)하거나 이에 대한 편람을 갖추어 두고 누구나 열람할 수 있도록 하여야 한다.

(2) 신고의무 이행시기

신고서가 접수기관에 도달된 때에 신고의무가 이행된 것으로 본다.

(3) 보완요구 및 반려조치

행정청은 하자가 있는 신고서가 제출된 경우에는 지체 없이 상당한 기간을 정하여 신고인에게 보완을 요구하여야 한다. 한편, 행정청은 신고인이 기간 내에 보완을 하지 아니하였을 때에는 그 이유를 구체적으로 밝혀 해당 신고서를 되돌려 보내야 한다.

2. 「행정절차법」상 신고의 효과

신고는 행정청에 대하여 일정한 사항을 통지함으로써 법적 효과가 발생한다. 따라서 신고에 대한 수리행위나 수리거부행위는 처분이 아니며, 이에 대한 행정쟁송제기가 인정되지 않는다. 따라서 신고가 있으면 형식적 요건에 하자가 없는 한 행정기관은 이를 수리하여야 한다는 것이 판례의 태도이다.

22 확약

1. 개념

행정청은 당사자의 신청에 따라 장래에 어떤 처분을 하거나 하지 아니할 것을 내용으로 하는 의사표시를 할 수 있다.

2. 방식 및 절차

(1) 확약은 문서로 하여야 한다.

(2) 행정청은 다른 행정청과의 협의 등의 절차를 거쳐야 하는 처분에 대하여 확약을 하려는 경우에는 확약을 하기 전에 그 절차를 거쳐야 한다.

3. 효력

원칙적으로 확약은 행정청을 기속한다.
다만, 행정청은 ① 확약을 한 후에 확약의 내용을 이행할 수 없을 정도로 법령등이나 사정이 변경된 경우와 ② 확약이 위법한 경우에는 확약에 기속되지 아니한다.

4. 통지

확약을 이행할 수 없는 경우에는 지체 없이 당사자에게 그 사실을 통지하여야 한다.

23 위반사실 공표

1. 개념

행정청은 법령에 따른 의무를 위반한 자의 성명·법인명, 위반사실, 처분사실 등을 법률로 정하는 바에 따라 일반에게 공표할 수 있다.

2. 의견제출

(1) 의견제출의 기회를 주어야 한다. 다만, ① 공공의 안전 또는 복리를 위하여 긴급히 공표를 할 필요가 있는 경우, ② 해당 공표의 성질상 의경청취가 현저히 곤란하거나 명백히 불필요하다고 인정될 만한 타당한 이유가 있는 경우, ③ 당사자가 의견진술 기회를 포기한다는 뜻을 명백히 밝힌 경우에는 그러하지 아니하다.

(2) 처분상 의견제출 절차를 준용한다.

3. 절차

(1) 행정청은 당사자의 명예·신용 등이 훼손되지 아니하도록 객관적이고 타당한 증거와 근거가 있는지를 확인하여야 한다.

(2) 관보, 공보 또는 인터넷 홈페이지 등을 통하여 한다.

(3) 행정청은 당사자가 공표와 관련된 의무의 이행 등의 조치를 마친 경우에는 공표를 하지 아니할 수 있다.

(4) 행정청은 공표된 내용이 사실과 다른 것으로 밝혀지거나 공표에 포함된 처분이 취소된 경우에는 그 내용을 정정하여, 정정한 내용을 지체 없이 해당 공표와 같은 방법으로 공표된 기간 이상 공표하여야 한다. 다만, 당사자가 원하지 아니하면 공표하지 아니할 수 있다.

24 행정계획

행정청은 국민의 권리·의무에 직접 영향을 미치는 계획을 수립·변경·폐지할 때에는 관련 이익을 정당하게 형량하여야 한다.

25 입법예고

1. 입법예고의 대상

(1) 원칙

행정청은 법령등을 제정·개정 또는 폐지하려는 경우에는 이를 예고하여야 한다.

(2) 예외

① 신속한 국민의 권리 보호를 위해 입법이 긴급을 요하는 경우
② 상위 법령등의 단순한 집행을 위한 경우
③ 입법내용이 국민의 권리·의무 또는 일상생활과 관련이 없는 경우
④ 단순한 표현·자구를 변경하는 경우 등 입법내용의 성질상 예고의 필요가 없거나 곤란한 경우
⑤ 예고함이 공공의 안전 또는 복리를 현저히 해칠 우려가 있는 경우

(3) 재입법예고

행정청은 입법예고 후 중요한 변경이 발생하는 경우에는 해당 부분을 다시 입법예고 하여야 한다.

2. 입법예고의 주체

입법예고는 당해 입법안을 마련한 행정청이 하도록 한다. 다만, 법제처장은 입법예고를 하지 아니한 법령안의 심사요청을 받은 경우에 해당 행정청에 입법예고를 권고하거나 직접 예고할 수 있다.

3. 예고방법

(1) 공고

법령의 입법안은 관보 및 법제처장이 구축·제공하는 정보시스템을 통해 공고하며, 자치법규의 경우 공보를 통해 공고한다. 이 경우 행정청은 입법안의 취지, 주요 내용 또는 전문을 공고하여야 하며, 추가로 인터넷, 신문 또는 방송 등을 통하여 공고할 수 있다.

(2) 예고기간

예고기간은 예고할 때 정하되, 특별한 사정이 없으면 40일(자치법규는 20일) 이상으로 한다.

4. 의견제출 및 처리

(1) 의견제출

누구든지 예고된 입법안에 대하여 의견을 제출할 수 있다. 행정청은 입법안에 관하여 의견수렴을 위해 공청회 또는 온라인공청회를 개최할 수 있다.

(2) 처리

행정청은 해당 입법안에 대한 의견이 제출된 경우 특별한 사유가 없으면 이를 존중하여 처리하여야 한다. 행정청은 의견을 제출한 자에게 그 제출된 의견의 처리결과를 통지하여야 한다.

26 행정예고

1. 행정예고 대상

(1) 원칙

행정청은 정책안을 수립·시행하거나 변경하려는 경우에는 이를 예고하여야 한다.

(2) 예외

① 신속하게 국민의 권리를 보호하여야 하는 등 긴급한 사유로 예고가 현저히 곤란한 경우
② 법령등의 단순한 집행을 위한 경우
③ 국민의 권리·의무 또는 일상생활과 관련이 없는 경우
④ 공공의 안전 또는 복리를 현저히 해칠 우려가 상당한 경우

2. 행정예고의 범위

그 취지와 주요 내용만을 예고할 수도 있고 전문을 예고할 수도 있으나 어떤 경우이더라도 그 내용을 명확히 알 수 있도록 예고하여야 한다.

3. 입법예고로 갈음

법령등의 입법을 포함하는 행정예고는 입법예고로 갈음할 수 있다.

4. 예고기간

행정예고기간은 예고 내용의 성격 등을 고려하여 정하되, 20일 이상으로 한다. 다만, 행정목적을 달성하기 위하여 긴급한 필요가 있는 경우에는 행정예고기간을 단축할 수 있다. 이 경우 단축된 행정예고기간은 10일 이상으로 한다.

5. 예고방법 등

(1) 행정청은 정책등의 취지, 주요 내용 등을 관보·공보나 인터넷·신문·방송 등을 통하여 공고하여야 한다.

(2) 행정예고의 방법, 의견제출 및 처리, 공청회 및 온라인공청회에 관하여는 공청회, 온라인공청회, 입법예고 규정을 준용한다.

27 행정지도

1. 의의

행정기관이 그 소관 사무의 범위 안에서 일정한 행정목적을 실현하기 위하여 특정인에게 일정한 행위를 하거나 하지 아니하도록 지도·권고·조언 등을 하는 행정작용을 의미한다.

2. 행정지도의 원칙

(1) 행정지도는 그 목적 달성에 필요한 최소한도에 그쳐야 한다.

(2) 행정지도는 상대방의 의사에 반하여 부당하게 강요하여서는 아니 된다.

(3) 행정기관은 행정지도의 상대방이 행정지도에 따르지 아니하였다는 것을 이유로 불이익한 조치를 하여서는 아니 된다.

3. 행정지도의 방식과 절차

(1) 행정지도 실명제

행정지도를 하는 자는 그 상대방에게 그 행정지도의 취지 및 내용과 신분을 밝혀야 한다.

(2) 행정지도의 방식

행정지도가 말로 이루어지는 경우에 상대방이 행정지도의 취지 및 내용을 적은 서면의 교부를 요구하면 그 행정지도를 하는 자는 직무수행에 특별한 지장이 없으면 이를 교부하여야 한다.

(3) 의견제출

행정지도의 상대방은 당해 행정지도의 방식·내용 등에 관하여 행정기관에 의견제출을 할 수 있다.

(4) 다수인을 대상으로 하는 행정지도

행정기관이 같은 행정목적을 실현하기 위하여 많은 상대방에게 행정지도를 하려는 경우에는 특별한 사정이 없으면 행정지도에 공통적인 내용이 되는 사항을 공표하여야 한다.

4. 행정지도의 한계

(1) 상대방의 임의적 협력을 전제로 하므로 책임소재가 명확하지 않다.

(2) 비권력적 사실행위로서 강제력이 없으므로 실효성 확보가 곤란하다.

(3) 행정지도의 내용이 상대방에게 사실상 강제되는 경우가 있다. 그러나 그 피해에 대하여 사후적 구제수단이 미흡하다.

5. 행정지도의 권리 구제 수단

(1) 행정쟁송

비권력적 사실행위로서 처분이 아니므로 행정쟁송의 대상이 아니다.

(2) 손해배상청구

임의성을 가지므로 손해 발생의 인과관계를 인정하기 어렵다.

(3) 헌법소원 제기 가능성

단순한 행정지도로서의 한계를 넘어 규제적·구속적 성격이 강하다면, 헌법소원의 대상인 공권력의 행사에 해당할 수 있다.

행정사
이준희 행정절차론

Chapter

02

공공기관의 정보 공개에 관한 법률

Chapter

02 공공기관의 정보공개에 관한 법률

01 정보공개 일반론(정보공개 청구의 적법성)

1. 정보공개청구권의 법적 근거

「헌법」의 제21조에서 직접 파생하는 구체적이고 현실적인 권리로, 「헌법」상의 기본권으로 보장된다.

「공공기관의 정보공개에 관한 법률」도 정보공개청구권을 정보와의 이해관련성의 유무를 불문하고 국민의 알권리로서 보장하고 있다.

2. 정보공개청구권자

(1) 모든 국민은 정보의 공개를 청구할 권리를 가진다. 또한 법인과 법인격 없는 단체도 설립 목적 불문하고 정보의 공개를 청구할 권리를 가진다.

(2) 외국인의 경우도 국내에 일정한 주소를 두고 거주하거나 학술·연구를 위하여 일시적으로 체류하는 사람, 국내에 사무소를 두고 있는 법인 또는 단체에 해당한다면 정보의 공개를 청구할 권리를 가진다.

3. 정보공개의무자

국가기관, 지방자치단체, 「공공기관의 운영에 관한 법률」에 따른 공공기관 등을 의미한다. 사립학교의 공공기관 해당 여부에 관하여 대법원은 교육의 공공성, 공·사립학교의 동질성 등을 이유로 사립학교를 정보공개의무를 지는 공공기관의 하나로 보고 있다.

4. 공개대상정보

공공기관이 직무상 작성 또는 취득하여 관리하고 있는 문서(전자문서를 포함) 및 전자매체를 비롯한 모든 형태의 매체 등에 기록된 사항을 말한다.

02 정보공개법상 공공기관의 의무

1. 공공기관의 의무

(1) 정보공개 청구에 관한 소관 관계 법령을 정비하며, 정보를 투명하고 적극적으로 공개하는 조직문화 형성에 노력하여야 한다.

(2) 정보의 적절한 보존 및 신속한 검색과 국민에게 유용한 정보의 분석 및 공개 등이 이루어지도록 정보관리체계를 정비한다.

(3) 행정안전부장관은 공공기관의 정보공개에 관한 업무를 지원하기 위하여 통합정보공개시스템을 구축·운영하여야 한다.

2. 정보공개 담당자의 의무

정보공개 업무를 성실하게 수행하여야 하며, 공개 여부의 자의적인 결정, 고의적인 처리 지연 또는 위법한 공개 거부 및 회피 등 부당한 행위를 하여서는 아니 된다.

3. 정보의 사전적 공개 등

(1) 공공기관 정기적 공개 대상

① 국민생활에 매우 큰 영향을 미치는 정책에 관한 정보
② 대규모 예산이 투입되는 사업에 관한 정보
③ 예산집행의 내용과 사업평가 결과 등 행정감시를 위하여 필요한 정보

(2) 공공기관은 국민이 알아야 할 필요가 있는 정보를 국민에게 공개하도록 적극적으로 노력하여야 한다.

4. 정보목록의 작성·비치

공공기관은 정보목록을 작성·비치하고 정보통신망을 활용한 정보공개시스템 등을 통하여 공개하여야 한다.

03 정보공개의 절차

1. 비공개 대상 정보

(1) 정보공개의 원칙

공공기관이 수집, 직무상 작성 또는 취득하여 관리하고 있는 각종의 정보는 국민의 알권리 보장 등을 위하여 적극적으로 공개하여야 한다.

「정보공개법」은 비공개대상정보에 대하여 열거하고 있다. 이에 해당하지 아니하는 경우 공공기관은 공개청구에 대하여 정보를 공개하여야 할 의무를 진다.

(2) 예외(비공개 대상 정보)

① 다른 법률 또는 법률에서 위임한 명령(국회규칙 · 대법원규칙 · 헌법재판소규칙 · 중앙선거관리위원회규칙 · 대통령령 및 조례로 한정)에 따라 비공개 사항으로 규정된 정보
② 국가의 중대한 이익을 현저히 해칠 우려가 있는 정보
③ 국민의 생명 · 신체 및 재산상 현저한 지장을 초래할 우려가 있는 정보
④ 진행 중인 재판에 관한 정보와 공개될 경우 그 직무수행을 현저히 곤란하게 하거나 형사피고인의 공정한 재판을 받을 권리를 침해한다고 인정할 만한 상당한 이유가 있는 정보
⑤ 업무의 공정한 수행이나 연구 · 개발에 현저한 지장을 초래하는 정보(다만, 의사결정 과정 등을 이유로 비공개할 경우에는 의사결정 과정 종료 예정일을 함께 안내하여야 한다.)
⑥ 개인의 사생활 비밀 또는 자유를 침해할 우려가 있다고 인정되는 정보
⑦ 경영상 · 영업상 비밀에 관한 사항
⑧ 특정인에게 이익 또는 불이익을 줄 우려가 있는 정보

(3) 비공개 대상 정보가 기간의 경과 등으로 인하여 비공개의 필요성이 없어진 경우에는 그 정보를 공개 대상으로 하여야 한다.

2. 정보공개 여부의 결정

(1) 결정 기간

청구를 받은 날부터 10일 이내에 정보공개심의회의 심의를 거쳐 공개 여부를 결정한다. 공공기관은 부득이한 경우 10일의 범위에서 공개 여부 결정 기간을 연장할 수 있다. 이 경우 공공기관은 연장된 사실과 연장 사유를 청구인에게 지체 없이 문서로 통지하여야 한다.

(2) 제3자에의 통지

공개 청구된 정보가 제3자와 관련이 있는 경우에는 그 사실을 제3자에게 지체 없이 통지하여야 한다.

(3) 이송

다른 공공기관이 보유·관리하는 정보의 공개 청구를 받았을 때에는 지체 없이 이를 소관 기관으로 이송하여야 한다.

(4) 민원 처리

공공기관은 정보공개 청구가 정보공개 청구로 보기 어려운 경우로서 민원으로 처리할 수 있는 경우에는 민원으로 처리할 수 있다.

(5) 반복 청구 등의 처리

① 정당한 사유 없이 다시 동일한 청구를 하는 경우에는 동일 여부를 종합적으로 고려하여 해당 청구를 종결 처리할 수 있다. 이 경우 종결 처리 사실을 청구인에게 알려야 한다.
② 공개를 목적으로 작성되어 이미 공개된 정보를 공개 청구하는 경우에는 해당 정보의 소재를 안내하고 종결 처리할 수 있다.
③ 다른 법령이나 사회통념상 수령할 수 없는 방법으로 정보공개 청구를 하는 경우에는 수령이 가능한 방법으로 청구하도록 안내하고 종결 처리할 수 있다.

3. 정보공개심의회

공공기관은 정보공개의 청구를 받으면 심의회를 개최하여야 한다.
다만, ① 심의회의 심의를 이미 거친 사항, ② 단순·반복적인 청구, ③ 법령에 따라 비밀로 규정된 정보에 대한 청구에 해당하는 경우에는 심의회를 개최하지 아니할 수 있으며, 개최하지 아니하는 사유를 청구인에게 문서로 통지하여야 한다.
심의회는 위원장 1명을 포함하여 5명 이상 7명 이하의 위원으로 구성한다. 심의회의 위원 중 3분의 2는 외부 전문가로 위촉하여야 한다.

4. 정보공개 여부 결정의 통지

(1) 정보의 공개를 결정한 경우에는 공개의 일시 및 장소 등을 분명히 밝혀 청구인에게 통지하여야 한다.

(2) 공공기관은 정보의 비공개 결정을 한 경우에는 비공개 이유와 불복의 방법 및 절차를 구체적으로 밝혀야 한다.

(3) 공공기관은 청구인이 사본 또는 복제물의 교부를 원하는 경우에는 이를 교부하여야 한다.

(4) 공개 대상 정보의 양이 너무 많은 경우에는 해당 정보를 나누어 제공하거나 사본 교부 또는 열람과 병행하여 제공할 수 있다.

(5) 원본이 훼손될 우려가 있는 경우 사본을 공개할 수 있다.

5. 부분공개

(1) 의의

공개청구한 정보가 비공개 대상 부분과 공개가 가능한 부분이 혼합되어 있는 경우로서 공개청구의 취지에 어긋나지 아니하는 범위 안에서 두 부분을 분리할 수 있는 때에는 비공개 대상 부분을 제외하고 공개하여야 한다.

(2) 권리구제

① 이의 신청

㉠ 청구인은 부분공개 결정이 있는 날부터 30일 이내에 당해 공공기관에 문서로 이의신청을 할 수 있다.

㉡ 제3자의 비공개 요청에도 불구하고 공공기관이 공개 결정을 할 때에는 공개 결정 이유와 공개 실시 일을 분명히 밝혀 지체 없이 문서로 통지하여야 한다. 통지를 받은 제3자는 7일 이내에 해당 공공기관에 문서로 이의신청을 제기할 수 있다.

② 행정심판 및 행정소송

「행정심판법」 또는 「행정소송법」이 정하는 바에 따라 행정심판 또는 행정소송을 청구할 수 있다. 이의신청과 행정심판, 행정소송은 임의적 전치주의 관계이다.

6. 정보의 전자적 공개

(1) 공공기관은 청구인이 전자적 형태로 공개하여 줄 것을 요청하는 경우에는 그 정보의 성질상 현저히 곤란한 경우를 제외하고는 청구인의 요청에 따라야 한다.

(2) 공공기관은 전자적 형태로 보유·관리하지 아니하는 정보에 대하여 청구인이 전자적 형태로 공개하여 줄 것을 요청한 경우에는 정상적인 업무수행에 현저한 지장을 초래하거나 그 정보의 성질이 훼손될 우려가 없으면 그 정보를 전자적 형태로 변환하여 공개할 수 있다.

7. 즉시 처리가 가능한 정보의 공개

① 공개를 목적으로 작성된 정보, ② 각종 홍보자료 또는 ③ 공개하기로 결정된 정보로서 공개에 오랜 시간이 걸리지 아니하는 정보에 해당하는 정보로서 즉시 또는 말로 처리가 가능한 정보에 대해서는 정보공개 여부의 결정 절차를 거치지 아니하고 공개하여야 한다.

04 청구인의 구제수단

1. 이의신청

(1) 이의신청 청구

청구인이 정보공개와 관련한 공공기관의 비공개 결정 또는 부분 공개 결정에 대하여 불복이 있거나 정보공개 청구 후 20일이 경과하도록 정보공개 결정이 없는 때에는 공공기관으로부터 정보공개 여부의 결정 통지를 받은 날 또는 정보공개 청구 후 20일이 경과한 날부터 30일 이내에 해당 공공기관에 문서로 이의신청을 할 수 있다.

(2) 심의회 개최

이의신청이 있는 경우에는 심의회를 개최하여야 한다. 다만, ① 심의회의 심의를 이미 거친 사항, ② 단순·반복적인 청구, ③ 법령에 따라 비밀로 규정된 정보에 대한 청구에 해당하는 경우에는 심의회를 개최하지 아니할 수 있으며, 개최하지 아니하는 사유를 청구인에게 문서로 통지하여야 한다.

(3) 이의신청의 결정기간

공공기관은 이의신청을 받은 날부터 7일 이내에 그 이의신청에 대하여 결정하고 그 결과를 청구인에게 지체 없이 문서로 통지하여야 한다. 다만, 부득이한 경우에는 7일의 범위에서 연장할 수 있으며, 연장 사유를 청구인에게 통지하여야 한다.

(4) 통지의무

공공기관은 이의신청을 각하 또는 기각하는 결정을 한 경우에는 청구인에게 행정심판 또는 행정소송을 제기할 수 있다는 사실을 결과 통지와 함께 알려야 한다.

2. 행정심판 · 행정소송

청구인이 정보공개와 관련한 공공기관의 결정에 대하여 불복이 있거나 정보공개 청구 후 20일이 경과하도록 정보공개 결정이 없는 때에는 「행정심판법」 또는 「행정소송법」이 정하는 바에 따라 행정심판 또는 행정소송을 청구할 수 있다. 이의신청과 행정심판, 행정소송은 임의적 전치주의 관계이다.

05 제3자의 구제수단

1. 제3자의 비공개 요청

공개 청구 사실을 통지받은 제3자는 통지받은 날부터 3일 이내에 비공개 요청을 할 수 있다.

2. 공개실시일

비공개 요청에도 불구하고 공공기관이 공개 결정을 할 때에는 공개 결정일과 공개 실시일 사이에 최소한 30일의 간격을 두어야 한다.

3. 이의신청

(1) 이의신청 청구

비공개 요청에도 불구하고 공공기관이 공개 결정을 할 때에는 공개 결정 이유와 공개 실시일을 분명히 밝혀 지체 없이 문서로 통지하여야 하며, 제3자는 정보공개 통지를 받은 날부터 7일 이내에 문서로 이의신청을 할 수 있다.

(2) 심의회 개최

이의신청이 있는 경우에는 심의회를 개최하여야 한다. 다만, ① 심의회의 심의를 이미 거친 사항, ② 단순·반복적인 청구, ③ 법령에 따라 비밀로 규정된 정보에 대한 청구에 해당하는 경우에는 심의회를 개최하지 아니할 수 있으며, 개최하지 아니하는 사유를 청구인에게 문서로 통지하여야 한다.

(3) 이의신청의 결정기간

공공기관은 이의신청을 받은 날부터 7일 이내에 그 이의신청에 대하여 결정하고 그 결과를 청구인에게 지체 없이 문서로 통지하여야 한다. 다만, 부득이한 경우에는 7일의 범위에서 연장할 수 있으며, 연장 사유를 청구인에게 통지하여야 한다.

(4) 통지의무

공공기관은 이의신청을 각하 또는 기각하는 결정을 한 경우에는 청구인에게 행정심판 또는 행정소송을 제기할 수 있다는 사실을 결과 통지와 함께 알려야 한다.

4. 행정심판 · 행정소송

「행정심판법」 또는 「행정소송법」이 정하는 바에 따라 행정심판 또는 행정소송을 청구할 수 있다. 이의신청과 행정심판, 행정소송은 임의적 전치주의 관계이다.

06 정보공개위원회

1. 정보공개위원회의 설치 · 심의사항

(1) 설치

행정안전부장관 소속으로 정보공개위원회를 둔다.

(2) 심의사항

① 정보공개에 관한 정책 수립 및 제도 개선에 관한 사항
② 정보공개에 관한 기준 수립에 관한 사항
③ 심의회 심의결과의 조사 · 분석 및 심의기준 개선 관련 의견제시에 관한 사항
④ 공공기관의 정보공개 운영실태 평가 및 그 결과 처리에 관한 사항
⑤ 정보공개와 관련된 불합리한 제도 · 법령 및 그 운영에 대한 조사 및 개선권고에 관한 사항

2. 위원회의 구성

(1) 위원회는 성별을 고려하여 위원장과 부위원장 각 1명을 포함한 11명의 위원으로 구성한다.

(2) 위원장을 포함한 7명은 공무원이 아닌 사람으로 위촉하여야 한다.

(3) 위원장 · 부위원장 및 위원은 정보공개 업무와 관련하여 알게 된 정보를 누설하거나 그 정보를 이용하여 본인 또는 타인에게 이익 또는 불이익을 주는 행위를 하여서는 아니 된다.

행정사

이준희 행정절차론

Chapter

03

개인정보 보호법

Chapter

03 개인정보 보호법

01 개인정보의 개념과 개인정보 자기결정권

1. 개인정보 개념

살아 있는 개인에 관한 정보로서 다음에 해당하는 정보를 말한다.

(1) 성명, 주민등록번호 및 영상 등을 통하여 개인을 알아볼 수 있는 정보

(2) 해당 정보만으로는 특정 개인을 알아볼 수 없더라도 다른 정보와 쉽게 결합하여 알아볼 수 있는 정보. 이 경우 쉽게 결합할 수 있는지 여부는 다른 정보의 입수 가능성 등 개인을 알아보는 데 소요되는 시간, 비용, 기술 등을 합리적으로 고려하여야 한다.

(3) 살아 있는 개인에 관한 정보를 가명처리함으로써 원래의 상태로 복원하기 위한 추가 정보의 사용·결합 없이는 특정 개인을 알아볼 수 없는 정보(가명정보)

2. 개인정보 자기결정권

개인정보 자기결정권이란 정보주체가 자신에 관한 정보를 보호받기 위하여 자신에 관한 정보의 공개와 이용에 관하여 자율적으로 결정하고 관리할 수 있는 권리이다. 즉, 자신에 관한 정보가 언제 누구에게 어느 범위까지 알려지고 또 이용되도록 할 것인지를 정보주체가 스스로 결정할 수 있는 권리이다. 개인정보 자기결정권은 「헌법」 제17조 사생활의 비밀과 자유를 침해받지 않을 권리를 바탕으로 보장하고 있다.

02 개인정보 보호 원칙(제3조)

1. 투명성과 비례의 원칙

개인정보 처리자는 개인정보의 처리목적을 명확하게 하여야 하고 그 목적에 필요한 범위에서 최소한의 정보만을 적법하고 정당하게 수집하여야 한다.

2. 목적 범위 내 사용원칙

개인정보의 처리목적에 필요한 범위에서 적합하게 개인정보를 처리하여야 하며, 그 목적 외의 용도로 활용하여서는 아니 된다.

3. 정확성의 원칙

개인정보의 처리목적에 필요한 범위에서 개인정보의 정확성 및 완전성을 보장하여야 한다.

4. 안전관리의 원칙

정보주체의 권리가 침해 받을 가능성과 그 위험 정도를 고려하여 개인정보를 안전하게 관리하여야 한다.

5. 정보처리공개의 원칙

개인정보의 처리에 관한 사항을 공개하여야 하며 열람청구권 등 정보주체의 권리를 보장하여야 한다.

6. 사생활침해금지

사생활 침해를 최소화하는 방법으로 개인정보를 처리하여야 한다.

7. 익명 및 가명 처리

개인정보처리자는 개인정보를 익명 또는 가명으로 처리하여도 개인정보 수집목적을 달성할 수 있는 경우 익명처리가 가능한 경우에는 익명에 의하여, 익명처리로 목적을 달성할 수 없는 경우에는 가명에 의하여 처리될 수 있도록 하여야 한다.

03 개인정보주체의 권리(제4조)

1. 정보주체의 권리

(1) 개인정보의 처리에 관한 정보를 제공받을 권리

(2) 개인정보의 처리에 관하여 동의할 권리

(3) 개인정보에 대하여 열람 및 전송을 요구할 권리

(4) 개인정보의 처리 정지, 정정·삭제 및 파기를 요구할 권리

(5) 발생한 피해를 신속하고 공정한 절차에 따라 구제받을 권리

(6) 완전히 자동화된 개인정보 처리에 따른 결정을 거부하거나 그에 대한 설명 등을 요구할 권리

2. 개인정보의 열람

(1) 열람 청구

정보주체는 개인정보처리자(공공기관인 경우 공공기관 또는 보호위원회)에게 열람을 요구할 수 있다.

(2) 열람 제한 및 거절 사유

개인정보처리자는 ① 법률에 따라 열람이 금지되거나 제한되는 경우, ② 다른 사람의 생명, 신체 또는 재산 등을 부당하게 침해할 우려가 있는 경우, ③ 공공기관이 업무를 수행할 때 중대한 지장을 초래하는 경우에는 정보주체에게 그 사유를 알리고 열람을 제한하거나 거절할 수 있다.

3. 개인정보의 전송 요구(시행일 미지정)

(1) 정보주체는 개인정보처리자에게 다음의 요건을 모두 충족하는 개인정보를 자신 또는 개인정보관리 전문기관 등에게로 전송할 것을 요구할 수 있다.

① 정보주체가 전송을 요구하는 개인정보가 정보주체 본인에 관한 개인정보로서 ㉠ 개인정보주체의 동의를 받아 처리되는 개인정보이거나 ㉡ 계약을 이행하기 위하여 처리되는 개인정보, 또는 ㉢ 보호위원회가 심의·의결하여 전송 요구의 대상으로 지정한 개인정보에 해당하는 정보일 것

② 개인정보처리자가 분석·가공하여 별도로 생성한 정보가 아닐 것

③ 컴퓨터 등 정보처리장치로 처리되는 개인정보일 것

(2) 개인정보처리자는 정보주체의 본인 여부가 확인되지 아니하는 경우 등에는 전송 요구를 거절하거나 전송을 중단할 수 있다.

(3) 정보주체는 전송 요구로 인하여 타인의 권리나 정당한 이익을 침해하여서는 아니 된다.

(4) 정보주체는 전송 요구를 철회할 수 있다.

4. 개인정보관리 전문기관

(1) 성립

① 개인정보관리 전문기관은 보호위원회 또는 관계 중앙행정기관의 장으로부터 지정을 받아야 한다.

② 개인정보관리 전문기관의 지정요건

㉠ 개인정보를 전송·관리·분석할 수 있는 기술수준 및 전문성을 갖추었을 것

㉡ 개인정보를 안전하게 관리할 수 있는 안전성 확보조치 수준을 갖추었을 것

㉢ 개인정보관리 전문기관의 안정적인 운영에 필요한 재정능력을 갖추었을 것

(2) 수행 업무

① 개인정보의 전송 요구권 행사 지원

② 정보주체의 권리행사를 지원하기 위한 개인정보 전송시스템의 구축 및 표준화

③ 정보주체의 권리행사를 지원하기 위한 개인정보의 관리·분석

④ 그 밖에 정보주체의 권리행사를 효과적으로 지원하기 위한 업무

(3) 금지 행위

① 정보주체에게 개인정보의 전송 요구를 강요하거나 부당하게 유도하는 행위

② 그 밖에 개인정보를 침해하거나 정보주체의 권리를 제한할 우려가 있는 행위

(4) 지정 취소

① 취소 사유

보호위원회 및 관계 중앙행정기관의 장은 개인정보관리 전문기관이 지정요건을 갖추지 못하게 된 경우에는 개인정보관리 전문기관의 지정을 취소할 수 있다.

거짓이나 부정한 방법으로 지정을 받은 경우에는 지정을 취소하여야 한다.

② 청문

보호위원회 및 관계 중앙행정기관의 장은 지정을 취소하는 경우에는 「행정절차법」에 따른 청문을 실시하여야 한다.

5. 개인정보 전송 관리 및 지원

(1) 보호위원회는 개인정보의 전송을 요구하는 개인정보처리자 및 개인정보관리 전문기관을 체계적으로 관리・감독하여야 한다.

(2) 보호위원회는 개인정보가 안전하고 효율적으로 전송될 수 있도록 개인정보 전송 지원 플랫폼을 구축・운영할 수 있다.

(3) 보호위원회는 관계 중앙행정기관의 장 및 해당 개인정보관리 전문기관과 사전에 협의를 거쳐 개인정보 전송지원 플랫폼과 개인정보관리 전문기관의 전송 시스템을 상호 연계하거나 통합할 수 있다.

6. 개인정보의 처리정지 등

(1) 처리정지 요청

정보주체는 개인정보처리자에 대하여 자신의 개인정보 처리의 정지를 요구하거나 개인정보 처리에 대한 동의를 철회할 수 있다.

(2) 처리정지 요구 거절 사유

① 법률에 특별한 규정이 있거나 법령상 의무를 준수하기 위하여 불가피한 경우
② 다른 사람의 생명・신체를 해할 우려가 있거나 재산 등을 부당하게 침해할 우려가 있는 경우
③ 공공기관이 다른 법률에서 정하는 소관 업무를 수행할 수 없는 경우
④ 개인정보를 처리하지 아니하면 계약의 이행이 곤란한 경우로서 정보주체가 그 계약의 해지 의사를 명확하게 밝히지 아니한 경우

(3) 개인정보처리자는 정보주체가 개인정보의 처리 정지를 요구하거나 동의를 철회한 때에는 지체 없이 수집된 개인정보의 파기 등 필요한 조치를 하여야 한다.

7. 자동화된 결정에 대한 정보주체의 권리 등

정보주체는 자동화된 결정이 자신의 권리 또는 의무에 중대한 영향을 미치는 경우에는 해당 개인정보처리자에 대하여 해당 결정을 거부하거나 이에 대한 설명 등을 요구할 수 있는 권리를 가진다. 이 경우 개인정보처리자는 필요한 조치를 하고 그 결과를 30일 이내에 서면등의 방법으로 정보주체에게 알려야 한다.

8. 권리행사의 방법 및 절차

(1) 정보주체는 권리행사를 대리인에게 하게 할 수 있다.

(2) 만 14세 미만 아동의 법정대리인은 개인정보처리자에게 그 아동의 개인정보 열람 등 요구를 할 수 있다.

(3) 개인정보처리자는 권리행사의 구체적인 방법과 절차를 공개하여야 한다. 이는 수집 방법과 절차보다 어렵지 아니하도록 하여야 한다.

9. 손해배상청구

(1) 손해배상책임

① 정보주체는 개인정보처리자의 위법한 행위로 손해를 입으면 개인정보처리자에게 손해배상을 청구할 수 있다. 이 경우 그 개인정보처리자는 고의 또는 과실이 없음을 입증하지 아니하면 책임을 면할 수 없다.

② 개인정보처리자의 고의 또는 중대한 과실로 인하여 개인정보가 분실・도난・유출・위조・변조 또는 훼손된 경우로서 정보주체에게 손해가 발생한 때에는 법원은 그 손해액의 5배를 넘지 아니하는 범위에서 손해배상액을 정할 수 있다. 다만, 개인정보처리자가 고의 또는 중대한 과실이 없음을 증명한 경우에는 그러하지 아니하다.

(2) 법정손해배상청구

① 정보주체는 개인정보처리자의 고의 또는 과실로 인하여 개인정보가 분실・도난・유출・위조・변조 또는 훼손된 경우에는 300만 원 이하의 범위에서 상당한 금액을 손해액으로 하여 배상을 청구할 수 있다. 이 경우 해당 개인정보처리자는 고의 또는 과실이 없음을 입증하지 아니하면 책임을 면할 수 없다.

② 손해배상을 청구한 정보주체는 사실심의 변론이 종결되기 전까지 그 청구를 법정손해배상청구로 변경할 수 있다.

10. 자료의 제출

(1) 법원은 손해배상청구소송에서 당사자의 신청에 따라 상대방 당사자에게 해당 손해의 증명 또는 손해액의 산정에 필요한 자료의 제출을 명할 수 있다.

(2) 법원은 제출명령을 받은 자가 그 자료의 제출을 거부할 정당한 이유가 있다고 주장하는 경우에는 그 주장의 당부를 판단하기 위하여 자료의 제시를 명할 수 있다.

(3) 제출되어야 할 자료가 영업비밀에 해당하나 손해의 증명 또는 손해액의 산정에 반드시 필요한 경우에는 그 자료의 제출을 거부할 정당한 이유로 보지 아니한다.

(4) 법원은 제출명령을 받은 자가 정당한 이유 없이 그 명령에 따르지 아니한 경우에는 자료의 기재에 대한 신청인의 주장과 신청인이 자료의 기재로 증명하려는 사실에 관한 주장을 진실한 것으로 인정할 수 있다.

11. 비밀유지명령

당사자가 사유를 소명하여 비밀유지명령을 법원에 신청하면, 그 법원은 해당 소송으로 영업비밀을 알게 된 자에게 비밀유지를 명할 수 있다.

12. 소송기록 열람 등의 청구 통지 등

(1) 비밀유지명령이 내려진 소송에 관한 소송기록에 대하여 열람 등의 신청인을 당사자로 제한하는 결정이 있었던 경우로서 당사자가 비밀 기재 부분의 열람 등의 청구를 하였으나 그 청구 절차를 해당 소송에서 비밀유지명령을 받지 아니한 자가 밟은 경우에는 법원사무관등은 신청을 한 당사자(그 열람 등의 청구를 한 자는 제외)에게 그 청구 직후에 그 열람 등의 청구가 있었다는 사실을 알려야 한다.

(2) 법원사무관등은 열람 등의 청구가 있었던 날부터 2주일이 지날 때까지 그 청구 절차를 밟은 자에게 비밀 기재 부분의 열람 등을 하게 하여서는 아니 된다.

04 개인정보 보호위원회

1. 설치 및 구성

(1) 설치

개인정보 보호에 관한 사무를 독립적으로 수행하기 위하여 국무총리 소속으로 개인정보 보호위원회를 둔다. 보호위원회는 「정부조직법」에 따른 중앙행정기관으로 본다.

(2) 구성

① 보호위원회는 상임위원 2명(위원장 1명, 부위원장 1명)을 포함한 9명의 위원으로 구성한다.

② 보호위원회의 위원은 개인정보 보호에 관한 경력과 전문지식이 풍부한 사람 중에서 위원장과 부위원장은 국무총리의 제청으로, 그 외 위원 중 2명은 위원장의 제청으로, 2명은 대통령이 소속되거나 소속되었던 정당의 교섭단체 추천으로, 3명은 그 외의 교섭단체 추천으로 대통령이 임명 또는 위촉한다.

2. 소관 사무

(1) 개인정보의 보호와 관련된 법령의 개선

(2) 개인정보 보호와 관련된 정책·제도·계획 수립·집행

(3) 정보주체의 권리침해에 대한 조사 및 이에 따른 처분

(4) 개인정보의 처리와 관련한 고충처리·권리구제 및 분쟁 조정

(5) 개인정보 보호를 위한 국제기구등과의 교류·협력

(6) 개인정보 보호에 관한 법령·정책 등의 조사·연구

(7) 개인정보 보호에 관한 기술개발의 지원·보급, 기술의 표준화 및 전문인력의 양성

3. 심의·의결 사항

(1) 고발 및 징계권고에 관한 사항

(2) 시정조치 등에 관한 사항

(3) 처리 결과의 공표 및 공표명령에 관한 사항

(4) 과징금·과태료 부과에 관한 사항

(5) 개인정보 보호에 관한 법령의 해석 · 운용에 관한 사항

(6) 개인정보의 처리에 관한 공공기관 간의 의견조정에 관한 사항

(7) 영향평가 결과에 관한 사항

(8) 기본계획 및 시행계획에 관한 사항

(9) 개인정보 침해요인 평가에 관한 사항

(10) 개인정보의 국외 이전 중지 명령에 관한 사항

(11) 시정권고에 관한 사항

(12) 개인정보의 이용 · 제공에 관한 사항

(13) 개인정보 보호와 관련된 정책, 제도 및 법령의 개선에 관한 사항

(14) 소관 법령 및 보호위원회 규칙의 제정 · 개정 및 폐지에 관한 사항

4. 개인정보 침해요인 평가

중앙행정기관의 장은 소관 법령의 제정 또는 개정을 통하여 개인정보 처리를 수반하는 정책이나 제도를 도입 · 변경하는 경우에는 보호위원회에 개인정보 침해요인 평가를 요청하여야 한다.

5. 개인정보 보호지침

보호위원회는 표준 개인정보 보호지침을 정하여 개인정보처리자에게 준수를 권장할 수 있다.

6. 기본계획 및 시행계획

(1) 기본계획

보호위원회는 개인정보의 보호와 정보주체의 권익 보장을 위하여 3년마다 기본계획을 관계 중앙행정기관의 장과 협의하여 수립한다.

(2) 시행계획

중앙행정기관의 장은 기본계획에 따라 매년 시행계획을 작성하여 보호위원회에 제출하고, 보호위원회의 심의 · 의결을 거쳐 시행하여야 한다.

7. 개인정보 보호수준 평가

보호위원회는 공공기관 중 중앙행정기관 및 그 소속기관, 지방자치단체, 그 밖에 「공공기관의 운영에 관한 법률」에 따른 공공기관, 「지방공기업법」에 따른 지방공사 등을 대상으로 매년 개인정보 보호 정책·업무 수행실적 및 개선 정도, 개인정보 관리체계의 적정성 등을 평가하여야 한다. 이러한 평가 결과는 인터넷 홈페이지 등을 통하여 공개할 수 있다.

8. 개인정보 보호위원회의 권한

(1) 개인정보 처리 실태의 개선을 권고할 수 있다.

(2) 자료제출 요구 및 검사

① 보호위원회는 ㉠ 「개인정보 보호법」을 위반하는 사항을 발견하거나 혐의가 있음을 알게 된 경우, ㉡ 「개인정보 보호법」 위반에 대한 신고를 받거나 민원이 접수된 경우에는 개인정보처리자에게 관계 자료를 제출하게 할 수 있다.

② 보호위원회는 개인정보처리자가 자료를 제출하지 아니하거나 「개인정보 보호법」을 위반 사실이 인정되면 현장조사를 할 수 있다.

③ 보호위원회는 중대한 개인정보 침해사고가 발생한 경우 신속하고 효과적인 대응을 위하여 관계 기관의 장에게 협조를 요청할 수 있다. 협조를 요청받은 관계 기관의 장은 특별한 사정이 없으면 이에 따라야 한다.

(3) 사전 실태점검

① 보호위원회는 개인정보 침해사고 발생의 위험성이 높고 개인정보 보호의 취약점을 사전에 점검할 필요성이 인정되는 개인정보처리자에 대하여 개인정보 보호실태를 점검할 수 있다.

② 보호위원회는 실태점검을 실시하여 발견한 위반 사항에 대하여 해당 개인정보처리자에게 시정방안을 권고할 수 있다.

③ 시정권고를 받은 개인정보처리자는 10일 이내에 해당 권고를 수락하는지 여부에 관하여 보호위원회에 통지하여야 한다.

(4) 시정조치

보호위원회는 ① 침해행위의 중지, ② 처리의 일시 정지 등의 조치를 명할 수 있다.

(5) 과징금 부과

① 보호위원회는 「개인정보 보호법」의 일정 규정을 위반한 경우에는 해당 개인정보처리자에게 전체 매출액의 100분의 3을 초과하지 아니하는 범위에서 과징금을 부과할 수 있다. 다만, 매출액이 없거나 매출액의 산정이 곤란한 경우에는 20억 원을 초과하지 아니하는 범위에서 과징금을 부과할 수 있다.

② 보호위원회는 과징금을 부과하려는 경우 전체 매출액에서 위반행위와 관련이 없는 매출액을 제외한 매출액을 기준으로 과징금을 산정한다.

③ 보호위원회는 개인정보처리자가 정당한 사유 없이 매출액 산정자료의 제출을 거부하거나 거짓의 자료를 제출한 경우에는 해당 개인정보처리자의 전체 매출액을 기준으로 산정하되 해당 개인정보처리자 및 비슷한 규모의 개인정보처리자의 영업현황 자료에 근거하여 매출액을 추정할 수 있다.

(6) 고발 및 징계권고

보호위원회는 범죄혐의가 있을 때에는 수사기관에 고발할 수 있다. 또한 책임자의 징계를 해당 개인정보처리자에게 권고할 수 있다.

(7) 결과의 공표

보호위원회는 개선권고, 시정조치 명령, 과징금의 부과, 고발 또는 징계권고 및 과태료 부과의 내용 및 결과에 대하여 공표할 수 있다.

05 개인정보 수집 · 이용

1. 개인정보의 수집 · 이용

(1) 대상

① 정보주체의 동의를 받은 경우
② 법률에 특별한 규정이 있거나 법령상 의무를 준수하기 위하여 불가피한 경우
③ 공공기관이 법령등에서 정하는 소관 업무의 수행을 위하여 불가피한 경우
④ 정보주체와 체결한 계약을 이행하거나 계약을 체결하는 과정에서 정보주체의 요청에 따른 조치를 이행하기 위하여 필요한 경우
⑤ 명백히 정보주체 또는 제3자의 급박한 생명, 신체, 재산의 이익을 위하여 필요한 경우
⑥ 개인정보처리자의 정당한 이익을 달성하기 위하여 필요한 경우로서 명백하게 정보주체의 권리보다 우선하는 경우. 이 경우 개인정보처리자의 정당한 이익과 상당한 관련이 있고 합리적인 범위를 초과하지 아니하는 경우에 한한다.
⑦ 공중위생 등 공공의 안전과 안녕을 위하여 긴급히 필요한 경우

(2) 동의 시 통지 사항

① 개인정보의 수집 · 이용 목적
② 수집하려는 개인정보의 항목
③ 개인정보의 보유 및 이용 기간
④ 동의를 거부할 권리 및 동의 거부에 따른 불이익의 내용

(3) 정보주체의 동의 없이 개인정보 이용

개인정보처리자는 수집 목적과 합리적으로 관련된 범위에서 불이익 발생 여부, 안전성 확보에 필요한 조치 여부 등을 고려하여 정보주체의 동의 없이 개인정보를 이용할 수 있다.

2. 개인정보의 수집 제한

(1) 목적에 필요한 최소한의 개인정보를 수집하여야 한다.

(2) 필요한 최소한의 정보 외의 개인정보 수집에는 동의하지 아니할 수 있다는 사실을 구체적으로 알려야 한다.

(3) 개인정보처리자는 정보주체가 필요한 최소한의 정보 외의 개인정보 수집에 동의하지 아니한다는 이유로 정보주체에게 재화 또는 서비스의 제공을 거부하여서는 아니 된다.

06 개인정보 제공, 목적 외 이용 · 제공, 파기

1. 개인정보의 제공

(1) 원칙

개인정보처리자는 개인정보를 제공하여서는 아니 된다.

(2) 예외

① 정보주체의 동의를 받은 경우
② 개인정보를 수집한 목적 범위에서 개인정보를 제공하는 경우

2. 개인정보의 목적 외 이용 · 제공 제한

(1) 원칙

개인정보처리자는 개인정보를 목적 외 이용 · 제공하여서는 아니 된다.

(2) 예외(④부터 ⑧까지의 경우는 공공기관의 경우로 한정)

① 정보주체로부터 별도의 동의를 받은 경우
② 다른 법률에 특별한 규정이 있는 경우
③ 명백히 급박한 생명, 신체, 재산의 이익을 위하여 필요한 경우
④ 소관 업무를 수행할 수 없는 경우로서 보호위원회의 심의 · 의결을 거친 경우
⑤ 조약, 국제협정의 이행
⑥ 범죄의 수사와 공소의 제기 및 유지
⑦ 법원의 재판업무 수행
⑧ 형 및 감호, 보호처분의 집행
⑨ 공중위생 등 공공의 안전과 안녕을 위하여 긴급히 필요한 경우

(3) 동의 시 통지사항

① 개인정보를 제공받는 자
② 개인정보의 이용 목적
③ 이용 또는 제공하는 개인정보의 항목
④ 개인정보의 보유 및 이용 기간
⑤ 동의를 거부할 권리 및 동의 거부에 따른 불이익의 내용

(4) 공공기관의 공개 의무

공공기관은 목적 외 이용·제공시 보호위원회가 고시로 정하는 바에 따라 관보 또는 인터넷 홈페이지 등에 게재하여야 한다.

3. 개인정보의 파기

(1) 개인정보처리자는 보유기간의 경과, 개인정보의 처리 목적 달성, 가명정보의 처리 기간 경과 등 그 개인정보가 불필요하게 되었을 때에는 지체 없이 그 개인정보를 파기하여야 한다.

(2) 개인정보처리자가 개인정보를 파기하지 아니하고 보존하여야 하는 경우에는 해당 개인정보 또는 개인정보파일을 다른 개인정보와 분리하여서 저장·관리하여야 한다.

07 수집 출처 통지

1. 통지사항

개인정보처리자가 정보주체 이외로부터 수집한 개인정보를 처리하는 때에는 정보주체의 요구가 있으면 즉시 ① 개인정보의 수집 출처, ② 개인정보의 처리 목적, ③ 개인정보 처리의 정지를 요구하거나 동의를 철회할 권리가 있다는 사실에 해당하는 모든 사항을 정보주체에게 알려야 한다.

2. 의무적 통지

(1) 대상

① 5만 명 이상의 민감정보 또는 고유식별정보, ② 100만 명 이상의 개인정보에 해당하는 개인정보를 수집하여 처리하는 때에는 통지사항을 정보주체에게 알려야 한다.

(2) 통지방법

개인정보처리자는 정보주체가 쉽게 알 수 있는 방법으로 개인정보를 제공받은 날부터 3개월 이내에 정보주체에게 알려야 한다.
정보주체의 동의를 받은 범위에서 연 2회 이상 주기적으로 개인정보를 제공받아 처리하는 경우에는 그 동의를 받은 날부터 기산하여 연 1회 이상 정보주체에게 알려야 한다.

3. 통지의 예외

(1) 통지를 요구하는 대상이 되는 개인정보가 ① 국가의 중대한 이익, ② 범죄 수사, 공소 제기 및 유지, 형 집행, ③ 조세나 관세의 범칙행위 조사, ④ 일회적으로 운영되는 파일 등 지속적으로 관리할 필요성이 낮다고 인정되는 개인정보파일, ⑤ 다른 법령에 따라 비밀로 분류된 개인정보파일에 해당하는 경우

(2) 다른 사람의 생명 · 신체 · 재산을 부당하게 침해할 우려가 있는 경우

4. 개인정보 이용 · 제공 내역의 통지

① 5만 명 이상의 민감정보 또는 고유식별정보, ② 100만 명 이상의 개인정보에 해당하는 개인정보를 수집하여 처리하는 개인정보처리자는 수집한 개인정보의 이용 · 제공 내역이나 이용 · 제공 내역을 확인할 수 있는 정보시스템에 접속하는 방법을 주기적으로 정보주체에게 통지하여야 한다.

08 동의받는 방법

1. 개인정보처리자는 개인정보의 ① 수집 · 이용, ② 제공, ③ 목적 외의 이용 · 제공, ④ 민감정보 · 고유식별정보 처리, ⑤ 홍보하거나 판매 권유에 해당하는 경우 각각의 동의 사항을 구분하여 각각 동의를 받아야 한다.

2. 개인정보처리자는 동의를 서면으로 받을 때에는 ① 재화나 서비스의 홍보 또는 판매 등을 위하여 해당 개인정보를 이용하여 정보주체에게 연락할 수 있다는 사실, ② 처리하려는 개인정보의 항목 중 민감정보 또는 고유식별정보가 포함되어 있다는 사실 등을 명확히 표시하여 알아보기 쉽게 하여야 한다.

3. 개인정보처리자는 정보주체의 동의 없이 처리할 수 있는 개인정보에 대해서는 그 항목과 법적 근거를 공개하거나 정보주체에게 알려야 한다. 이 경우 입증책임은 개인정보처리자가 부담한다.

4. 개인정보처리자는 선택적으로 동의할 수 있는 사항을 정보주체가 동의하지 아니한다는 이유로 정보주체에게 재화 또는 서비스의 제공을 거부할 수 없다.

5. 아동의 개인정보 보호

(1) 만 14세 미만 아동의 개인정보 처리는 그 법정대리인의 동의를 받아야 한다.

(2) 법정대리인의 동의를 받기 위하여 필요한 최소한의 정보는 법정대리인의 동의 없이 해당 아동으로부터 직접 수집할 수 있다.

(3) 개인정보처리자는 만 14세 미만의 아동에게는 쉬운 양식과 알기 쉬운 언어를 사용하여야 한다.

09 개인정보 처리 제한

1. 민감정보의 처리 제한

(1) 원칙

사상·신념, 정치적 견해 등 정보주체의 사생활을 현저히 침해할 우려가 있는 민감정보를 처리하여서는 아니 된다.

(2) 예외

① 정보주체의 별도 동의

② 법령에서 허용

(3) 민감정보 처리 시에는 안전성 확보에 필요한 조치를 하여야 한다.

(4) 개인정보처리자는 재화 또는 서비스를 제공하는 과정에서 공개되는 정보에 정보주체의 민감정보가 포함됨으로써 사생활 침해의 위험성이 있다고 판단하는 때에는 재화 또는 서비스의 제공 전에 민감정보의 공개 가능성 및 비공개를 선택하는 방법을 정보주체가 알아보기 쉽게 알려야 한다.

2. 고유식별정보의 처리 제한

(1) 원칙

고유식별정보를 처리하여서는 아니 된다.

(2) 예외

① 정보주체의 별도 동의

② 법령에서 허용

(3) 고유식별정보 처리 시에는 안전성 확보에 필요한 조치를 하여야 한다.

(4) 정기조사

① 보호위원회는 ㉠ 1만 명 이상의 정보주체에 관하여 고유식별정보를 처리하는 공공기관, ㉡ 보호위원회가 정기조사가 필요하다고 인정하는 공공기관, 그리고 ㉢ 공공기관 외의 자로서 5만 명 이상의 정보주체에 관하여 고유식별정보를 처리하는 자에 해당하는 개인정보처리자가 안전성 확보에 필요한 조치를 하였는지에 관하여 3년마다 1회 이상 정기적으로 조사하여야 한다.

② 보호위원회는 한국인터넷진흥원등이 정기조사를 수행하게 할 수 있다.

③ 개인정보 보호수준 평가를 받은 경우 또는 개인정보 보호 인증을 받은 경우와 같이 고유식별정보의 안전성 확보 조치에 대한 점검이 이루어진 경우에는 정기조사를 실시한 것으로 본다.

(5) 주민등록번호 처리의 제한

① 원칙

주민등록번호를 처리하여서는 아니 된다.

② 예외

㉠ 법률 · 대통령령 · 국회규칙 · 대법원규칙 · 헌법재판소규칙 · 중앙선거관리위원회규칙 및 감사원규칙에서 구체적으로 주민등록번호의 처리를 요구하거나 허용한 경우

㉡ 정보주체 또는 제3자의 급박한 생명, 신체, 재산의 이익을 위하여 명백히 필요하다고 인정되는 경우

㉢ 주민등록번호 처리가 불가피한 경우로서 보호위원회가 고시로 정하는 경우

③ 홈페이지에서 주민등록번호를 사용하지 아니하고도 회원으로 가입할 수 있는 방법을 제공하여야 한다.

3. 영상정보처리기기의 설치 · 운영 제한

(1) 개념

① 고정형 영상정보처리기기

일정한 공간에 지속적으로 설치되어 사람 또는 사물의 영상 등을 촬영하거나 이를 유 · 무선망을 통하여 전송하는 장치를 의미한다.

② 이동형 영상정보처리기기

사람이 신체에 착용 또는 휴대하거나 이동 가능한 물체에 부착 또는 거치하여 사람 또는 사물의 영상 등을 촬영하거나 이를 유 · 무선망을 통하여 전송하는 장치를 말한다.

(2) 고정형 영상정보처리기기의 설치 · 운영 제한

① 법령에서 허용하고 있거나 범죄의 예방 · 수사, 시설 안전 및 화재예방, 교통단속, 교통정보의 수집 · 분석 · 제공을 위하여 정당한 권한을 가진 자가 설치 · 운영하는 경우를 제외하고는 공개된 장소에 고정형 영상정보처리기기를 설치 · 운영하여서는 아니 된다.

② 불특정 다수가 이용하는 목욕실, 화장실 등 개인의 사생활을 현저히 침해할 우려가 있는 장소에는 고정형 영상정보처리기기를 설치 · 운영하여서는 아니 된다.

③ 공청회 · 설명회 개최 등 관계 전문가 및 이해관계인의 의견을 수렴해야 한다.

④ 정보주체가 쉽게 인식할 수 있도록 ㉠ 설치 목적 및 장소, ㉡ 촬영 범위 및 시간, ㉢ 관리책임자의 연락처 등이 포함된 안내판을 설치하여야 한다.

⑤ 임의로 조작하거나 다른 곳을 비춰서는 아니 되며, 녹음기능은 사용할 수 없다.

⑥ 영상정보처리기기 운영자는 안전성 확보를 위한 조치와 운영관리방침을 마련해야 한다. 또한, 고정형 영상정보처리기기의 설치 · 운영에 관한 사무를 위탁할 수 있다.

(3) 이동형 영상정보처리기기의 운영 제한

① 원칙

업무를 목적으로 이동형 영상정보처리기기를 운영하려는 자는 이동형 영상정보처리기기로 사람 또는 그 사람과 관련된 사물의 영상(개인정보에 해당하는 경우로 한정)을 촬영하여서는 아니 된다.

② 예외

개인정보를 수집·이용할 수 있는 경우이거나 촬영 사실을 명확히 표시하여 정보주체가 촬영 사실을 알 수 있도록 하였음에도 불구하고 촬영 거부 의사를 밝히지 아니한 경우에는 촬영이 가능하다. 촬영하는 경우에는 불빛, 소리, 안내판 등으로 촬영 사실을 표시하고 알려야 한다.

③ 누구든지 불특정 다수가 이용하는 목욕실, 화장실, 발한실, 탈의실 등 개인의 사생활을 현저히 침해할 우려가 있는 장소의 내부를 볼 수 있는 곳에서 이동형 영상정보처리기기로 사람 또는 그 사람과 관련된 사물의 영상을 촬영하여서는 아니 된다. 다만, 인명의 구조·구급 등을 위하여 필요한 경우에는 그러하지 아니하다.

④ 영상정보처리기기 운영자는 안전성 확보를 위한 조치와 운영관리방침을 마련해야 한다. 또한, 이동형 영상정보처리기기의 설치·운영에 관한 사무를 위탁할 수 있다.

4. 업무위탁에 따른 개인정보의 처리 제한

(1) 제3자에게 개인정보업무를 위탁하는 경우에는 ① 목적 외 개인정보의 처리 금지, ② 개인정보의 보호조치 등의 내용이 포함된 문서로 하여야 한다.

(2) 개인정보의 처리 업무를 위탁하는 개인정보처리자는 위탁하는 업무의 내용과 수탁자를 정보주체가 언제든지 쉽게 확인할 수 있도록 공개하여야 한다.

(3) 수탁자가 위탁받은 업무와 관련하여 개인정보를 처리하는 과정에서 「개인정보 보호법」을 위반하여 발생한 손해배상책임에 대하여는 수탁자를 개인정보처리자의 소속 직원으로 본다.

5. 영업양도 등에 따른 개인정보의 처리 제한

(1) 개인정보처리자는 영업양도 등으로 개인정보를 다른 사람에게 이전하는 경우에는 미리 해당 정보주체에게 알려야 한다.

(2) 영업양수자등은 개인정보를 이전받았을 때에는 지체 없이 그 사실을 정보주체에게 알려야 한다. 다만, 영업양도자등이 그 이전 사실을 이미 알린 경우에는 그러하지 아니하다.

(3) 영업양수자등은 개인정보를 이전받은 경우에는 이전 당시의 본래 목적으로만 개인정보를 이용하거나 제3자에게 제공할 수 있다. 이 경우 영업양수자등은 개인정보처리자로 본다.

10 가명정보의 처리

1. 개념

(1) 가명정보

살아 있는 개인에 관한 정보를 가명 처리함으로써 추가 정보의 사용・결합 없이는 특정 개인을 알아볼 수 없는 정보를 의미한다.

(2) 가명처리

개인정보의 일부를 삭제하거나 일부 또는 전부를 대체하는 등의 방법으로 추가 정보가 없이는 특정 개인을 알아볼 수 없도록 처리하는 것을 말한다.

2. 가명정보의 처리 등

(1) 개인정보처리자는 통계작성, 과학적 연구, 공익적 기록보존 등을 위하여 정보주체의 동의 없이 가명정보를 처리할 수 있다.

(2) 가명정보를 제3자에게 제공하는 경우에는 특정 개인을 알아보기 위하여 사용될 수 있는 정보를 포함해서는 아니 된다.

3. 가명정보의 결합 제한

(1) 가명정보 처리를 위한 가명정보의 결합은 보호위원회 또는 관계 중앙행정기관의 장이 지정하는 전문기관이 수행한다.

(2) 결합을 수행한 기관 외부로 결합된 정보를 반출하려는 개인정보처리자는 더 이상 개인을 알아볼 수 없는 정보에 해당하는 정보로 처리한 뒤 전문기관의 장의 승인을 받아야 한다.

4. 가명정보에 대한 안전조치의무 등

(1) 가명정보를 처리하는 경우에는 원래의 상태로 복원하기 위한 추가 정보를 별도로 분리하여 보관・관리하는 등 안전성 확보에 필요한 조치를 하여야 한다.

(2) 개인정보처리자는 가명정보의 처리 기간을 별도로 정할 수 있다.

(3) 개인정보처리자는 가명정보를 처리하고자 하는 경우에는 관련 기록을 작성하여 보관하여야 하며, 가명정보를 파기한 경우에는 파기한 날부터 3년 이상 보관하여야 한다.

5. 가명정보 처리 시 금지의무 등

(1) 가명정보를 처리하는 자는 특정 개인을 알아보기 위한 목적으로 가명정보를 처리해서는 아니 된다.

(2) 개인정보처리자는 가명정보를 처리하는 과정에서 특정 개인을 알아볼 수 있는 정보가 생성된 경우에는 즉시 해당 정보의 처리를 중지하고, 지체 없이 회수・파기하여야 한다.

6. 적용범위

가명정보는 제20조(정보주체 이외로부터 수집한 개인정보의 수집 출처 등 통지), 제20조의2(개인정보 이용・제공 내역의 통지), 제27조(영업양도 등에 따른 개인정보의 이전 제한), 제34조 제1항(개인정보 유출 등의 통지), 제35조(개인정보의 열람), 제35조의2(개인정보의 전송요구), 제36조(개인정보의 정정・삭제) 및 제37조(개인정보의 처리정지 등)를 적용하지 아니한다.

11 개인정보의 국외 이전과 중지 명령

1. 개인정보의 국외 이전

(1) 원칙

개인정보처리자는 개인정보를 국외로 이전하여서는 아니 된다.

(2) 개인정보를 국외로 이전할 수 있는 경우

① 정보주체로부터 국외 이전에 관한 별도의 동의를 받은 경우
② 법률, 조약·국제협정에 특별한 규정이 있는 경우
③ 계약의 체결 및 이행을 위하여 필요한 경우로서 ㉠ 개인정보 처리방침을 공개하거나 ㉡ 전자우편 등의 방법으로 정보주체에게 알린 경우
④ 보호위원회가 정한 인증을 받은 경우로서 ㉠ 개인정보 보호에 필요한 안전조치 및 정보주체 권리보장에 필요한 조치와 ㉡ 인증받은 사항을 개인정보가 이전되는 국가에서 이행하기 위하여 필요한 조치를 모두 한 경우
⑤ 개인정보가 이전되는 국가 또는 국제기구가 「개인정보 보호법」에 따른 개인정보 보호 수준과 실질적으로 동등한 수준을 갖추었다고 보호위원회가 인정하는 경우

(3) 동의 시 통지사항을 변경하는 경우에는 정보주체에게 알리고 동의를 받아야 한다.

(4) 개인정보처리자는 「개인정보 보호법」상 규정을 준수하여야 하고, 개인정보의 안전성 확보조치 등의 보호조치를 하여야 한다.

(5) 「개인정보 보호법」을 위반하는 사항을 내용으로 하는 개인정보의 국외 이전에 관한 계약을 체결하여서는 아니 된다.

2. 개인정보의 국외 이전 중지 명령

(1) 사유

보호위원회는 개인정보처리자에게 개인정보의 국외 이전 중지를 명할 수 있다.

① 개인정보를 국외로 이전할 수 있는 경우 외의 사유로 이전하는 경우
② 개인정보처리자는 「개인정보 보호법」상 준수규정이나 보호조치 의무를 위반한 경우
③ 개인정보처리자가 「개인정보 보호법」을 위반하는 개인정보의 국외 이전에 관한 계약을 체결한 경우
④ 개인정보를 이전받는 자나 개인정보가 이전되는 국가 또는 국제기구로부터 정보주체에게 피해가 발생하거나 발생할 우려가 현저한 경우

(2) 국외 이전 중지 명령을 받은 날부터 7일 이내에 보호위원회에 이의를 제기할 수 있다.

3. 상호주의

개인정보의 국외 이전을 제한하는 국가의 개인정보처리자에 대해서는 해당 국가의 수준에 상응하는 제한을 할 수 있다. 다만, 조약 또는 그 밖의 국제협정의 이행에 필요한 경우에는 그러하지 아니하다.

12 개인정보의 안전한 관리

1. 안전조치의무

개인정보처리자는 개인정보가 침해되지 아니하도록 안전성 확보에 필요한 조치를 하여야 한다.

2. 개인정보 처리방침

(1) 개인정보 처리방침의 수립 및 공개

① 개인정보의 처리 목적과 기간, ② 제3자 제공, ③ 민감정보의 공개 가능성 및 비공개를 선택하는 방법, ④ 개인정보 보호책임자 등을 포함한 개인정보 처리방침을 수립하고 이를 공개하여야 한다.

(2) 개인정보 처리방침 적용

개인정보 처리방침의 내용과 개인정보처리자와 정보주체 간에 체결한 계약의 내용이 다른 경우에는 정보주체에게 유리한 것을 적용한다.

(3) 보호위원회는 개인정보 처리방침을 평가하고, 필요한 경우에는 개인정보처리자에게 개선을 권고할 수 있다.

3. 개인정보 보호책임자의 지정 등

(1) 개인정보처리자는 개인정보의 처리에 관한 업무를 총괄해서 책임질 개인정보 보호책임자를 지정하여야 한다. 다만, 소상공인의 경우에는 사업주 또는 대표자가 개인정보 보호책임자의 업무를 수행하고, 별도의 개인정보 보호책임자를 지정하지 아니할 수 있다.

(2) 연간 매출액 등이 1,500억 원 이상인 자로서 5만 명 이상의 정보주체에 관하여 민감정보를 처리하는 개인정보처리자와 100만 명 이상의 정보주체에 관하여 개인정보를 처리하는 자는 4년 이상의 개인정보 보호 경력등이 있는 사람을 개인정보 보호책임자로 지정해야 한다.

4. 국내대리인 지정

국내에 주소 또는 영업소가 없는 개인정보처리자는 국내에 주소 또는 영업소가 있는 국내대리인을 문서로 지정하여야 한다. 지정된 국내대리인은 개인정보 보호책임자의 업무를 수행한다.

5. 개인정보파일의 등록 및 공개

(1) 공공기관의 장은 개인정보파일 운용 시 보호위원회에 등록해야 한다.

(2) 보호위원회는 개인정보파일의 등록 현황을 누구든지 쉽게 열람할 수 있도록 공개할 수 있다.

6. 개인정보 보호 인증

(1) 인증

보호위원회는 개인정보처리자의 일련의 조치가 「개인정보 보호법」에 부합하는지 등에 관하여 인증할 수 있다. 인증의 유효기간은 3년으로 한다.

(2) 혜택

인증을 받은 자는 인증의 내용을 표시하거나 홍보할 수 있다.

7. 개인정보 영향평가

(1) 의의

개인정보파일의 운용으로 인하여 개인정보 침해가 우려되는 경우, 공공기관의 장은 위험요인의 분석과 개선 사항 도출을 위한 평가를 하여야 한다.

(2) 절차

① 보호위원회가 지정한 평가기관에 영향평가를 의뢰하여야 한다.
② 공공기관의 장이 개인정보파일을 등록할 때에는 영향평가 결과를 함께 첨부하여 보호위원회에 제출하여야 한다.
③ 보호위원회는 영향평가 결과에 대하여 의견을 제시할 수 있다.

(3) 고려사항

① 처리하는 개인정보의 수
② 개인정보의 제3자 제공 여부
③ 정보주체의 권리를 해할 가능성 및 그 위험 정도

(4) 공공기관 외의 개인정보처리자도 영향평가를 하기 위하여 적극 노력하여야 한다.

8. 개인정보 유출

(1) 통지

개인정보가 유출등이 된 경우 개인정보처리자는 ① 개인정보의 항목, ② 시점과 그 경위, ③ 피해를 최소화하기 위한 정보, ④ 개인정보처리자의 대응조치 및 피해 구제절차, ⑤ 피해 등을 접수할 수 있는 담당부서 및 연락처에 해당하는 사항을 해당 정보주체에게 지체 없이 알려야 한다.

(2) 구제조치

개인정보처리자는 개인정보가 유출등이 된 경우 그 피해를 최소화하기 위한 대책을 마련하고 필요한 조치를 하여야 한다.

(3) 신고

개인정보처리자는 ① 1천 명 이상의 정보주체에 관한 개인정보가 유출등이 된 경우, ② 민감정보 또는 고유식별정보가 유출등이 된 경우, ③ 개인정보처리시스템 또는 개인정보 취급자가 개인정보처리에 이용하는 정보기기에 대한 외부로부터의 불법적인 접근에 의해 개인정보가 유출등이 된 경우에 해당한다면, 72시간 이내에 보호위원회 또는 한국인터넷진흥원에 신고하여야 한다.

9. 노출된 개인정보의 삭제 · 차단

(1) 개인정보처리자는 고유식별정보, 계좌정보, 신용카드정보 등 개인정보가 정보통신망을 통하여 공중에 노출되지 아니하도록 하여야 한다.

(2) 개인정보처리자는 공중에 노출된 개인정보에 대하여 보호위원회 또는 한국인터넷진흥원의 요청이 있는 경우에는 해당 정보를 삭제하거나 차단하는 등 필요한 조치를 하여야 한다.

13 분쟁조정 절차

1. 조정의 신청

분쟁조정위원회는 당사자 일방으로부터 분쟁조정 신청을 받았을 때에는 그 신청내용을 상대방에게 알려야 한다. 개인정보처리자가 분쟁조정의 통지를 받은 경우에는 특별한 사유가 없으면 분쟁조정에 응하여야 한다.

2. 처리기간

분쟁조정위원회는 분쟁조정 신청을 받은 날부터 60일 이내에 조정안을 작성하여야 한다.

3. 자료의 요청 및 사실조사 등

분쟁조정위원회는 분쟁의 조정을 위하여 자료를 요청하고 사실조사를 실시할 수 있다.

4. 진술의 원용 제한

조정 절차에서의 의견과 진술은 소송에서 원용하지 못한다.

5. 조정 전 합의 권고

분쟁조정위원회는 당사자에게 그 내용을 제시하고 조정 전 합의를 권고할 수 있다.

6. 분쟁의 조정

(1) 분쟁조정위원회는 ① 침해행위의 중지, ② 구제조치, ③ 재발 방지 대책을 포함하여 분쟁조정 신청을 받은 날부터 60일 이내에 조정안을 작성하여야 한다.

(2) 조정안을 제시받은 당사자가 제시받은 날부터 15일 이내에 수락 여부를 알리지 아니하면 조정을 수락한 것으로 본다.

(3) 당사자가 조정 내용을 수락한 경우 조정의 내용은 재판상 화해와 동일한 효력을 갖는다.

7. 조정의 거부 및 중지

(1) 분쟁조정위원회는 분쟁의 성질상 조정이 적합하지 않거나 부정한 목적으로 신청된 경우에는 그 조정을 거부할 수 있다.

(2) 분쟁조정위원회는 신청된 조정사건의 진행 중에 한쪽 당사자가 소를 제기하면 그 조정을 중지한다.

8. 집단분쟁조정 절차

(1) 중요한 쟁점이 사실상 또는 법률상 공통되는 사건으로 50명 이상의 정보주체(이미 구제가 끝났거나 구제 절차가 진행되고 있는 정보주체는 제외)가 피해를 입은 경우에는 집단분쟁조정을 의뢰 또는 신청할 수 있다.

(2) 분쟁조정위원회는 집단분쟁조정 절차의 개시를 공고하여야 하며, 집단분쟁조정의 당사자가 아닌 정보주체 또는 개인정보처리자로부터 그 분쟁조정의 당사자에 추가로 포함될 수 있도록 하는 신청을 받을 수 있다.

(3) 분쟁조정위원회는 집단분쟁조정의 당사자 중에서 대표당사자를 선임할 수 있다.

(4) 분쟁조정위원회는 개인정보처리자가 집단분쟁조정의 내용을 수락한 경우에는 당사자가 아닌 자로서 피해를 입은 정보주체에 대한 보상계획서를 제출하도록 권고할 수 있다.

(5) 분쟁조정위원회는 집단분쟁조정의 당사자인 다수의 정보주체 중 일부의 정보주체가 법원에 소를 제기한 경우에는 그 절차를 중지하지 아니하고, 소를 제기한 일부의 정보주체를 그 절차에서 제외한다.

14 단체소송

1. 단체소송 대상

개인정보처리자가 집단분쟁조정을 거부하거나 집단분쟁조정의 결과를 수락하지 아니한 경우 법원에 단체소송을 제기할 수 있다.

2. 관할

피고의 주된 사무소 등의 지방법원 본원 합의부의 관할에 전속한다.

3. 단체소송 주체의 요건

(1) 소비자단체

① 정관에 따라 상시적으로 정보주체의 권익증진을 주된 목적으로 하는 단체일 것
② 단체의 정회원 수가 1천 명 이상일 것
③ 공정거래위원회에 등록한 소비자단체로서 등록 후 3년이 경과하였을 것

(2) 비영리민간단체

① 법률상 또는 사실상 동일한 침해를 입은 100명 이상의 정보주체로부터 단체소송의 제기를 요청받을 것
② 정관에 개인정보 보호를 단체의 목적으로 명시한 후 최근 3년 이상 이를 위한 활동실적이 있을 것
③ 단체의 상시 구성원 수가 5천 명 이상일 것
④ 비영리민간단체로서 중앙행정기관에 등록되어 있을 것

4. 법원의 허가

법원은 소송 요건을 모두 갖춘 경우에 한하여 결정으로 단체소송을 허가한다.

5. 확정판결의 효력

청구를 기각하는 판결이 확정된 경우 이와 동일한 사안에 관하여 다른 단체는 원칙적으로 단체소송을 제기할 수 없다. 다만, 판결이 확정된 후 그 사안과 관련하여 국가·지방자치단체 또는 국가·지방자치단체가 설립한 기관에 의하여 새로운 증거가 나타난 경우 또는 기각판결이 원고의 고의로 인한 것임이 밝혀진 경우에는 단체소송을 제기할 수 있다.

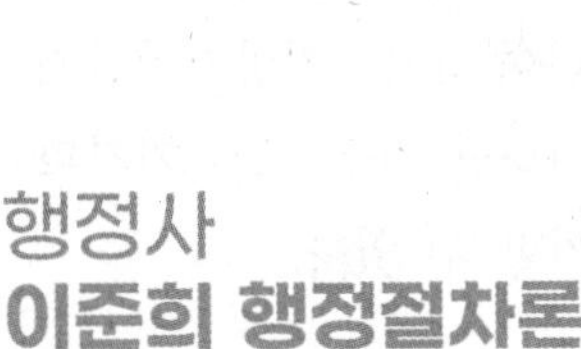
행정사
이준희 행정절차론

Chapter

04

질서위반행위규제법

Chapter

04 질서위반행위규제법

01 질서위반행위 적용범위

1. 질서위반행위

법률 또는 조례상의 의무를 위반하여 과태료를 부과하는 행위이다.

2. 시간적 범위

(1) 원칙

행위 시의 법률에 따른다.

(2) 예외

① 질서위반행위 후 법률이 변경되어 그 행위가 질서위반행위에 해당하지 아니하게 되거나 과태료가 변경되기 전의 법률보다 가볍게 된 때에는 법률에 특별한 규정이 없는 한 변경된 법률을 적용한다.

② 행정청의 과태료 처분이나 법원의 과태료 재판이 확정된 후 법률이 변경되어 그 행위가 질서위반행위에 해당하지 아니하게 된 때에는 변경된 법률에 특별한 규정이 없는 한 과태료의 징수 또는 집행을 면제한다.

3. 장소적 범위

(1) 대한민국 영역 안에서 질서위반행위를 한 자에게 적용한다.

(2) 대한민국 영역 밖에서 질서위반행위를 한 대한민국의 국민에게 적용한다.

(3) 대한민국 영역 밖에 있는 대한민국의 선박 또는 항공기 안에서 질서위반행위를 한 외국인에게 적용한다.

02 질서위반행위의 성립 등(요건)

1. 질서위반행위 법정주의

법률에 따르지 아니하고는 어떤 행위도 질서위반행위로 과태료를 부과하지 아니한다.

2. 고의 또는 과실

고의 또는 과실이 없는 위반행위는 과태료를 부과하지 아니한다.

3. 위법성의 착오

자신의 행위가 위법하지 아니한 것으로 오인하고 그 오인에 정당한 이유가 있는 때에 한하여 과태료를 부과하지 아니한다.

4. 책임연령

14세가 되지 아니한 자의 질서위반행위는 과태료를 부과하지 아니한다.

5. 심신장애

(1) 심신장애로 인하여 행위의 옳고 그름을 판단할 능력이 없거나 그 판단에 따른 행위를 할 능력이 없는 자의 질서위반행위는 과태료를 부과하지 아니한다.

(2) 심신장애로 인하여 판단 또는 행위 능력이 미약한 자의 질서위반행위는 과태료를 감경한다.

(3) 스스로 심신장애 상태를 일으켜 질서위반행위를 한 자에 대하여는 심신장애를 적용하지 아니한다.

03 질서위반행위의 성립 등(효과)

1. 법인의 처리 등

종업원이 업무에 관하여 법인 또는 개인에게 부과된 법률상의 의무를 위반한 때에는 법인 또는 개인에게 과태료를 부과한다.

2. 다수인의 질서위반행위 가담

(1) 2인 이상이 질서위반행위에 가담한 때에는 각자가 질서위반행위를 한 것으로 본다.

(2) 신분에 의하여 성립하는 질서위반행위에 신분이 없는 자가 가담한 때에는 신분이 없는 자에 대하여도 질서위반행위가 성립한다.

(3) 신분에 의하여 과태료를 감경 또는 가중하는 경우 신분이 없는 자에게는 미치지 아니한다.

3. 수개의 질서위반행위의 처리

(1) 하나의 행위가 2 이상의 질서위반행위에 해당하는 경우에는 각 질서위반행위의 과태료 중 가장 중한 과태료를 부과한다.

(2) 다른 행위로 2 이상의 질서위반행위가 경합하는 경우에는 각 질서위반행위에 대하여 정한 과태료를 각각 부과한다.

4. 과태료의 시효

5년간 징수하지 아니하거나 집행하지 아니하면 시효로 소멸한다.

04 과태료 부과 절차

1. 사전통지 · 의견제출

행정청은 미리 당사자에게 통지하고 10일 이상의 기간을 정하여 의견제출 기회를 주어야 한다. 지정된 기일까지 의견제출이 없는 경우에는 의견이 없는 것으로 본다. 행정청은 당사자의 의견에 상당한 이유가 있는 경우에는 과태료를 부과하지 아니하거나 변경할 수 있다.

2. 과태료의 부과

행정청은 서면으로 과태료를 부과하여야 한다.

3. 자진납부자에 대한 과태료 감경

행정청은 당사자가 의견제출 기한 이내에 과태료를 자진하여 납부하고자 하는 경우에는 과태료를 감경할 수 있다.

4. 과태료 부과의 제척기간

행정청은 질서위반행위가 종료된 날부터 5년이 경과한 경우에는 해당 질서위반행위에 대하여 과태료를 부과할 수 없다.
행정청은 법원의 결정이 있는 경우에는 그 결정이 확정된 날부터 1년이 경과하기 전까지는 정정부과 등 필요한 처분을 할 수 있다.

5. 이의제기

당사자는 과태료 부과 통지를 받은 날부터 60일 이내에 해당 행정청에 서면으로 이의제기를 할 수 있다. 이의제기가 있으면 행정청의 과태료 부과처분은 그 효력을 상실한다.

6. 법원에의 통보

행정청은 이의제기를 받은 날부터 14일 이내에 이에 대한 의견 및 증빙서류를 첨부하여 관할 법원에 통보하여야 한다.

05 가산금 · 결손처분

1. 가산금

(1) 행정청은 당사자가 납부기한까지 과태료를 납부하지 아니한 때에는 납부기한을 경과한 날부터 체납된 과태료에 대하여 100분의 3에 상당하는 가산금을 징수한다.

(2) 체납된 과태료를 납부하지 아니한 때에는 납부기한이 경과한 날부터 매 1개월이 경과할 때마다 체납된 과태료의 1천분의 12에 상당하는 가산금(중가산금)을 가산금에 가산하여 징수한다. 이 경우 중가산금을 가산하여 징수하는 기간은 60개월을 초과하지 못한다.

2. 결손처분

(1) 행정청은 당사자에게 다음에 해당하는 사유가 있을 경우에는 결손처분을 할 수 있다.
  ① 과태료의 소멸시효가 완성된 경우
  ② 체납자의 행방이 분명하지 아니하거나 재산이 없는 등 징수할 수 없는 경우

(2) 행정청은 결손처분을 한 후 압류할 수 있는 다른 재산을 발견하였을 때에는 지체 없이 그 처분을 취소하고 체납처분을 하여야 한다.

06 과태료 징수유예

1. 개념

행정청은 당사자가 과태료를 납부하기가 곤란하다고 인정되면 1년의 범위에서 과태료의 분할납부나 납부기일의 연기를 결정할 수 있다.

2. 대상

(1) 「국민기초생활 보장법」에 따른 수급권자

(2) 「장애인복지법」에 따른 장애인

(3) 본인 외에는 가족을 부양할 사람이 없는 사람

(4) 불의의 재난으로 피해를 당한 사람

(5) 납부의무자 또는 그 동거 가족이 1개월 이상의 장기 치료를 받아야 하는 경우

(6) 개인회생절차개시결정자

(7) 「고용보험법」에 따른 실업급여수급자

3. 신청

징수유예등을 받으려는 당사자는 행정청에 징수유예를 신청할 수 있다.

4. 행정청은 징수유예등을 하는 경우 그 유예하는 금액에 상당하는 담보의 제공이나 제공된 담보의 변경을 요구할 수 있고, 그 밖에 담보보전에 필요한 명령을 할 수 있다.

5. 행정청은 징수유예등의 기간 중에는 가산금·중가산금의 징수 또는 체납처분을 할 수 없다.

6. 행정청은 ① 과태료 징수금을 지정된 기한까지 납부하지 아니하였을 때, ② 행정청의 담보의 제공이나 변경 명령에 따르지 아니하였을 때, ③ 재산상황의 변화로 유예할 필요가 없다고 인정될 때에 해당하는 경우 그 징수유예등을 취소하고, 유예된 과태료 징수금을 한꺼번에 징수할 수 있다.

07 과태료 재판

1. 심리

(1) 법원은 심문기일을 열어 당사자의 진술을 들어야 한다.

(2) 법원은 검사의 의견을 구하여야 하고, 검사는 심문에 참여하여 의견을 진술하거나 서면으로 의견을 제출하여야 한다.

(3) 법원은 행정청의 참여가 필요하다고 인정하는 때에는 행정청으로 하여금 심문기일에 출석하여 의견을 진술하게 할 수 있다.

(4) 법원은 직권으로 사실의 탐지와 필요하다고 인정하는 증거의 조사를 하여야 한다.

2. 재판

과태료 재판은 이유를 붙인 결정으로써 한다.

3. 항고

당사자와 검사는 과태료 재판에 대하여 즉시항고를 할 수 있다. 이 경우 항고는 집행정지의 효력이 있다.

4. 과태료 재판의 집행

과태료 재판은 검사의 명령으로써 집행한다.

5. 약식재판

(1) 의의

법원이 심문 없이 행하는 과태료 재판을 의미한다.

(2) 이의신청

① 당사자와 검사는 약식재판의 고지를 받은 날부터 7일 이내에 이의신청을 할 수 있다. 이때의 기간은 불변기간이다.

② 당사자와 검사는 약식재판을 한 법원에 이의신청서를 제출하며, 법원은 이의신청의 상대방에게 이의신청서 부본을 송달하여야 한다.

(3) 이의신청 취하

① 이의신청을 한 당사자 또는 검사는 정식재판 절차에 따른 결정을 고지받기 전까지 이의신청을 취하할 수 있다.

② 이의신청의 취하는 이의신청취하서를 법원에 제출함으로써 한다. 다만, 심문기일에는 말로 할 수 있다.

(4) 이의신청 각하

법원은 이의신청이 법령상 방식에 어긋나거나 이의신청권이 소멸된 뒤의 것임이 명백한 경우에는 결정으로 이를 각하하여야 한다.

(5) 약식재판의 확정

① 이의 신청 기간 이내에 이의신청이 없는 때

② 이의신청에 대한 각하결정이 확정된 때

③ 당사자 또는 검사가 이의신청을 취하한 때

(6) 이의신청에 따른 정식재판 절차로의 이행

법원이 이의신청이 적법하다고 인정하는 때에는 약식재판은 그 효력을 상실하며, 법원은 심문을 거쳐 다시 재판하여야 한다.

08 과태료 체납자

1. 관허사업의 제한

(1) 개념

행정청은 과태료 체납자 중 허가등을 요하는 사업을 경영하는 자에 대하여는 사업의 정지 또는 허가등의 취소를 할 수 있다.

(2) 요건

특별한 사유 없이 해당 사업과 관련된 과태료를 ① 3회 이상 체납하고 있고, ② 체납발생일부터 각 1년 경과하였으며, ③ 체납금액의 합계가 500만 원 이상인 체납자

(3) 절차

① 사업의 주무관청이 따로 있는 경우에는 행정청은 당해 주무관청에 대하여 사업의 정지 또는 허가등의 취소를 요구할 수 있다.

② 행정청은 당해 과태료를 징수한 때에는 지체 없이 사업의 정지 또는 허가등의 취소나 그 요구를 철회하여야 한다.

2. 고액 · 상습 체납자에 대한 제재

(1) 법원은 30일의 범위 이내에서 고액 · 상습 체납자(법인인 경우에는 대표자)를 감치에 처할 수 있다.

(2) 요건

과태료 납부능력이 있음에도 불구하고 정당한 사유 없이 ① 3회 이상 체납하고 있고, ② 체납발생일부터 각 1년 경과하였으며, ③ 체납금액의 합계가 1천만 원 이상인 체납자

(3) 절차

① 행정청의 감치 신청 결정에 대하여는 즉시항고를 할 수 있다.

② 감치에 처하여진 과태료 체납자는 동일한 체납 사실로 인하여 재차 감치되지 아니한다.

3. 자동차 관련 과태료 체납자에 대한 자동차 등록번호판의 영치

(1) 행정청은 자동차 관련 과태료를 납부하지 아니한 자에 대하여 체납된 자동차 관련 과태료와 관계된 그 소유의 자동차의 등록번호판을 영치할 수 있다.

(2) 해당 자동차를 직접적인 생계유지 목적으로 사용하고 있어 생계유지가 곤란하다고 인정되는 경우 영치를 일시 해제할 수 있다. 다만, 그 밖의 다른 과태료를 체납하고 있는 당사자에 대하여는 그러하지 아니하다.

(3) 자동차 관련 과태료의 체납으로 인하여 압류등록된 자동차에 대하여 소유권이전 등록을 하려는 자는 압류등록의 원인이 된 자동차 관련 과태료를 납부한 증명서를 제출하여야 한다.

행정사
이준희 행정절차론

Chapter

05

행정조사기본법

05 행정조사기본법

01 행정조사 일반

1. 행정조사

행정조사란 행정기관이 정책을 결정하거나 직무를 수행하는 데 필요한 정보나 자료를 수집하는 활동을 말한다.

2. 행정조사의 기본원칙

(1) 행정조사는 필요한 최소한의 범위 안에서 실시하여야 하며, 조사권을 남용하여서는 아니 된다.

(2) 행정기관은 조사목적에 적합하도록 조사대상자를 선정하여야 한다.

(3) 행정기관은 공동조사 등을 실시함으로써 행정조사가 중복되지 아니하도록 하여야 한다.

(4) 행정조사는 법령등을 준수하도록 유도하는 데 중점을 두어야 한다.

(5) 행정조사의 내용을 공표하거나 직무상 알게 된 비밀을 누설하여서는 아니 된다.

(6) 행정조사를 통하여 알게 된 정보를 원래의 조사목적 이외의 용도로 이용하거나 타인에게 제공하여서는 아니 된다.

3. 행정조사의 근거

행정기관은 법령등에서 행정조사를 규정하고 있는 경우에 한하여 행정조사를 실시할 수 있다. 다만, 조사대상자의 자발적인 협조를 얻어 실시하는 행정조사의 경우에는 그러하지 아니하다.

4. 조사의 주기

(1) 정기조사

법령등 또는 행정조사운영계획으로 정하는 바에 따라 정기적으로 실시함을 원칙으로 한다.

(2) 수시조사

① 법률에서 수시조사를 규정하고 있는 경우
② 법령등의 위반에 대하여 혐의가 있는 경우
③ 다른 행정기관으로부터 법령등의 위반에 관한 혐의를 통보 또는 이첩받은 경우
④ 법령등의 위반에 대한 신고를 받거나 민원이 접수된 경우

5. 조사대상의 선정

(1) 행정기관의 장은 명백하고 객관적인 기준에 따라 행정조사의 대상을 선정하여야 한다.

(2) 조사대상자는 조사대상 선정기준에 대한 열람을 행정기관의 장에게 신청할 수 있다.

(3) 열람 거절 사유

① 행정조사업무를 수행할 수 없을 정도로 조사활동에 방해
② 내부고발자 등 제3자에 대한 보호가 필요한 경우

6. 자발적인 협조에 따라 실시하는 행정조사

(1) 조사대상자는 문서 · 전화 · 구두 등의 방법으로 당해 행정조사를 거부할 수 있다.

(2) 조사대상자가 조사에 응할 것인지에 대한 응답을 하지 아니하는 경우에는 그 조사를 거부한 것으로 본다.

(3) 조사거부자의 기초자료는 특정 개인을 식별할 수 없는 형태로 통계를 작성하는 경우에 한하여 이를 이용할 수 있다.

7. 위법한 행정조사에 기초한 행정행위의 효력

(1) 견해의 대립

행정의 효율성을 강조하는 입장에서 행정조사는 행정행위의 준비작용일 뿐 반드시 행정행위 결정의 선행요건으로 볼 수는 없다는 승계부정설과 행정조사는 전체적으로 하나의 행정과정을 구성하고 있으므로 행정조사에 중대한 위법사유가 있으면 곧 행정행위도 위법하다는 승계긍정설이 대립한다.

(2) 검토

행정조사와 그에 기초한 행정행위는 별개라 할지라도 밀접한 관련성을 가지므로, 국민의 권익을 보호하는 입장에서 행정조사의 위법성은 행정행위에도 원칙적으로 승계된다고 보는 것이 타당하다.

02 행정조사 방법

1. 출석 · 진술요구, 보고요구, 자료제출 요구

(1) 요구서 발송

① 일시와 장소, ② 취지, ③ 내용, ④ 제출자료, ⑤ 거부에 대한 제재 등이 기재된 출석요구서를 발송하여야 한다.

(2) 조사대상자는 출석일시 변경을 신청할 수 있다.

(3) 조사원은 조사대상자의 1회 출석으로 당해 조사를 종결하여야 한다.

2. 현장조사

(1) 현장출입조사서를 조사대상자에게 발송하여야 한다.

(2) 현장조사는 해가 뜨기 전이나 해가 진 뒤에는 할 수 없다. 다만, 다음의 어느 하나에 해당하는 경우에는 그러하지 아니하다.

① 조사대상자가 동의한 경우
② 업무시간에 행정조사를 실시하는 경우
③ 조사목적의 달성이 불가능하거나 증거인멸 우려가 있는 경우

(3) 조사원은 그 권한을 나타내는 증표를 지니고 이를 조사대상자에게 내보여야 한다.

3. 시료채취

(1) 정상적인 경제활동을 방해하지 아니하는 범위 안에서 최소한도로 하여야 한다.

(2) 행정기관의 장은 손실을 보상하여야 한다.

4. 자료등 영치

(1) 조사원이 영치하는 때에는 조사대상자 등을 입회시켜야 한다. 또한 조사원은 영치조서 2부를 작성하여 입회인과 함께 서명날인하고 그중 1부를 입회인에게 교부하여야 한다.

(2) 조사대상자의 생활이나 영업이 사실상 불가능하게 될 우려가 있는 때에는 사진 또는 사본으로 영치에 갈음할 수 있다. 다만, 증거인멸의 우려가 있는 경우에는 그러하지 아니하다.

5. 공동조사

(1) 의무적 공동조사 사유

① 당해 행정기관 내의 2 이상의 부서가 동일하거나 유사한 업무분야에 대하여 동일한 조사대상자에게 행정조사를 실시하는 경우

② 서로 다른 행정기관이 대통령령으로 정하는 분야에 대하여 동일한 조사대상자에게 행정조사를 실시하는 경우

(2) 조사대상자의 신청

행정조사의 사전통지를 받은 조사대상자는 관계 행정기관의 장에게 공동조사를 실시하여 줄 것을 신청할 수 있다.

(3) 국무조정실장의 요청

국무조정실장은 행정조사운영계획의 내용을 검토한 후 관계 부처의 장에게 공동조사를 요청할 수 있다.

6. 중복조사 제한

(1) 행정기관의 재조사 금지

행정기관의 장은 동일한 사안에 대하여 동일한 조사대상자를 재조사하여서는 아니 된다. 다만, 위법행위가 의심되는 새로운 증거를 확보한 경우에는 그러하지 아니하다.

(2) 행정기관 간의 중복조사 금지

① 행정조사를 실시할 행정기관의 장은 행정조사를 실시하기 전에 다른 행정기관에서 동일한 조사대상자에게 동일하거나 유사한 사안에 대하여 행정조사를 실시하였는지 여부를 확인할 수 있다.

② 행정조사를 실시할 행정기관의 장이 사실을 확인하기 위하여 행정조사의 결과에 대한 자료를 요청하는 경우 요청받은 행정기관의 장은 관련 자료를 제공하여야 한다.

03 행정조사 절차

1. 개별조사계획의 수립

행정기관의 장은 사전통지를 하기 전에 개별조사계획을 수립하여야 한다.

2. 사전통지

(1) 원칙

조사개시 7일 전까지 조사대상자에게 서면으로 통지하여야 한다.

(2) 예외

① 증거인멸 등으로 행정조사의 목적을 달성할 수 없다고 판단되는 경우
② 지정통계의 작성을 위하여 조사하는 경우
③ 조사대상자의 자발적인 협조를 얻어 실시하는 행정조사의 경우

3. 조사연기신청

(1) 조사대상자는 ① 천재지변이나 ② 화재나 그 밖의 재해로 인하여 사업장의 운영이 불가능한 경우 또는 ③ 조사대상자의 질병이나 장기 출장 등으로 인하여 조사가 곤란하다고 판단되는 경우에는 연기신청서를 제출함으로써 행정조사 연기를 요청할 수 있다.

(2) 행정기관의 장은 행정조사의 연기요청을 받은 때에는 연기요청을 받은 날부터 7일 이내에 조사의 연기 여부를 결정하여 조사대상자에게 통지하여야 한다.

4. 의견제출

(1) 조사대상자는 사전통지의 내용에 대하여 행정기관의 장에게 의견을 제출할 수 있다.

(2) 행정기관의 장은 조사대상자가 제출한 의견이 상당한 이유가 있다고 인정하는 경우에는 이를 행정조사에 반영하여야 한다.

5. 조사원 교체신청

(1) 조사대상자는 조사원에게 공정한 행정조사를 기대하기 어려운 사정이 있다고 판단되는 경우에는 행정기관의 장에게 당해 조사원의 교체를 신청할 수 있다. 교체신청은 그 이유를 명시한 서면으로 행정기관의 장에게 하여야 한다.

(2) 행정기관의 장은 교체신청이 조사를 지연할 목적으로 한 것이거나 그 밖에 교체신청에 타당한 이유가 없다고 인정되는 때에는 그 신청을 기각하고 그 취지를 신청인에게 통지하여야 한다.

6. 조사결과의 통지

행정조사의 결과를 확정한 날부터 7일 이내에 그 결과를 조사대상자에게 통지하여야 한다.

7. 제3자에 대한 보충조사

(1) 실시사유

행정기관의 장은 조사대상자에 대한 조사만으로는 당해 행정조사의 목적을 달성할 수 없거나 조사대상이 되는 행위에 대한 사실 여부 등을 입증하는 데 과도한 비용 등이 소요되는 경우에는 ① 다른 법률에서 제3자에 대한 조사를 허용하고 있는 경우와 ② 제3자의 동의가 있는 경우에 한하여 제3자에 대하여 보충조사를 할 수 있다.

(2) 사전통지

조사개시 7일 전까지 제3자에게 서면으로 통지하여야 한다.

(3) 원 조사대상자에 대한 통지

행정기관의 장은 제3자에 대한 보충조사를 하기 전에 그 사실을 원래의 조사대상자에게 통지하여야 한다. 다만, 제3자에 대한 보충조사를 사전에 통지하여서는 조사목적을 달성할 수 없거나 조사목적의 달성이 현저히 곤란한 경우에는 제3자에 대한 조사결과를 확정하기 전에 그 사실을 통지하여야 한다.

(4) 의견제출

제3자는 물론 원래의 조사대상자도 제3자 보충조사에 대한 의견을 제출할 수 있다.

8. 조사권 행사의 제한

(1) 조사원은 사전에 발송된 사항에 한하여 조사대상자를 조사하되, 사전통지한 사항과 관련된 추가적인 행정조사가 필요할 경우에는 조사대상자에게 추가조사의 필요성과 조사내용 등에 관한 사항을 서면이나 구두로 통보한 후 추가조사를 실시할 수 있다.

(2) 조사대상자와 조사원은 조사과정을 방해하지 아니하는 범위 안에서 행정조사의 과정을 녹음하거나 녹화할 수 있다. 이 경우 녹음·녹화의 범위 등은 상호 협의하여 정하여야 한다.

(3) 조사대상자는 전문가로 하여금 행정조사를 받는 과정에 입회하게 하거나 의견을 진술하게 할 수 있다.

04 자율관리체제의 구축

1. 자율신고제도

(1) 행정기관의 장은 조사사항을 조사대상자로 하여금 스스로 신고하도록 하는 제도를 운영할 수 있다.

(2) 행정기관의 장은 조사대상자가 신고한 내용을 행정조사에 갈음할 수 있다.

2. 자율관리체제의 구축

(1) 행정기관의 장은 조사대상자가 자율적으로 행정조사사항을 신고·관리하고, 스스로 법령준수사항을 통제하도록 하는 체제의 기준을 마련하여 고시할 수 있다.

(2) 조사대상자와 조사대상자가 설립한 단체 또는 협회는 자율관리체제의 기준에 따라 자율관리체제를 구축하여 행정기관의 장에게 신고할 수 있다.

3. 자율관리에 대한 혜택의 부여

행정기관의 장은 자율신고를 하는 자와 자율관리체제의 기준을 준수한 자에 대하여는 행정조사의 감면 또는 행정·세제상의 지원을 하는 등 필요한 혜택을 부여할 수 있다.

ME
MO

행정사
이준희 행정절차론

Chapter

06

행정규제기본법

Chapter

행정규제기본법

01 규제법정주의

1. 규제는 법률에 근거하여야 하며, 그 내용은 알기 쉬운 용어로 구체적이고 명확하게 규정되어야 한다.

2. 규제는 법률에 직접 규정하되, 규제의 세부적인 내용은 법률에서 구체적으로 범위를 정하여 위임한 바에 따라 명령 또는 조례 · 규칙으로 정할 수 있다. 다만, 법령에서 전문적 · 기술적 사항이나 경미한 사항으로서 불가피한 경우에 구체적으로 범위를 정하여 고시 등으로 위임할 수 있다.

3. 행정기관은 법률에 근거하지 아니한 규제로 국민의 권리를 제한하거나 의무를 부과할 수 없다.

02 행정규제 기본원칙

1. 규제의 원칙

(1) 국가나 지방자치단체가 규제를 정하는 경우 그 본질적 내용을 침해하지 아니하도록 하여야 한다.

(2) 국가나 지방자치단체가 규제를 정할 때에는 실효성이 있는 규제가 되도록 하여야 한다.

(3) 규제의 대상과 수단은 규제의 목적 실현에 필요한 최소한의 범위에서 가장 효과적인 방법으로 객관성 · 투명성 및 공정성이 확보되도록 설정되어야 한다.

2. 우선허용 · 사후규제 원칙

입법 방식의 유연화 – 신기술을 활용한 새로운 서비스 또는 제품과 관련된 규제

(1) 네거티브 리스트

규제로 인하여 제한되는 권리나 부과되는 의무는 한정적으로 열거하고 그 밖의 사항은 원칙적으로 허용한다.

(2) 포괄적 개념 정의

서비스와 제품의 인정 요건 · 개념 등을 장래의 신기술 발전에 따른 새로운 서비스와 제품도 포섭될 수 있도록 한다.

(3) 유연한 분류 체계

서비스와 제품에 관한 분류 기준을 장래의 신기술 발전에 따른 서비스와 제품도 포섭될 수 있도록 유연하게 정한다.

(4) 사후평가 방식

신기술 서비스 · 제품과 관련하여 출시 전에 권리를 제한하거나 의무를 부과하지 아니하고 필요에 따라 출시 후에 권리를 제한하거나 의무를 부과한다.

03 규제의 신설 · 강화에 대한 원칙과 심사

1. 자체심사

(1) 규제영향분석

규제로 인하여 국민의 일상생활과 사회 · 경제 · 행정 등에 미치는 여러 가지 영향을 객관적이고 과학적인 방법을 사용하여 미리 예측 · 분석함으로써 규제의 타당성을 판단하는 기준을 제시하는 것을 말한다.

(2) 규제영향분석 시 고려사항

① 규제 목적의 실현 가능성
② 규제의 신설 또는 강화의 필요성
③ 비용과 편익의 비교 분석
④ 규제 외의 대체 수단 존재 여부 및 기존규제와의 중복 여부
⑤ 규제 시행이 중소기업에 미치는 영향
⑥ 규제 내용의 객관성과 명료성
⑦ 경쟁 제한적 요소의 포함 여부
⑧ 부담을 경감하기 위하여 폐지 · 완화가 필요한 기존규제
⑨ 규제의 존속기한 · 재검토기한의 설정 근거 또는 미설정 사유

(3) 입법예고

규제영향분석서를 입법예고 기간 동안 공표하여야 하고, 제출된 의견을 검토하여 규제영향분석서를 보완하며, 의견을 제출한 자에게 제출된 의견의 처리 결과를 알려야 한다.

(4) 자체검토

중앙행정기관의 장은 규제영향분석의 결과와 공청회, 행정상 입법예고 등의 방법으로 수렴한 의견을 기초로 자체규제심사위원회의 심의를 거쳐 그 타당성에 대하여 자체심사를 하여야 한다.

2. 규제의 존속기한 및 재검토기한 설정(규제일몰제)

(1) 원칙

중앙행정기관의 장은 규제를 신설하거나 강화하려는 경우에 존속시켜야 할 명백한 사유가 없는 규제는 존속기한 또는 재검토기한을 설정하여 그 법령등에 규정하여야 한다.

(2) 기간

규제의 존속기한 또는 재검토기한은 규제의 목적을 달성하기 위하여 필요한 최소한의 기간 내에서 설정되어야 하며, 그 기간은 원칙적으로 5년을 초과할 수 없다.

(3) 절차

① 존속기한 또는 재검토기한의 6개월 전까지 위원회에 심사를 요청하여야 한다.
② 규제의 존속기한 또는 재검토기한의 3개월 전까지 개정안을 국회에 제출하여야 한다.

3. 규제의 재검토

(1) 중앙행정기관의 장은 규제의 재검토기한이 도래하는 경우 자체규제심사위원회의 심의를 거쳐 해당 규제의 시행상황을 점검하는 방법 등으로 규제의 재검토를 실시하고 그 결과에 따라 규제의 폐지 또는 완화 등 필요한 조치를 하여야 한다.

(2) 중앙행정기관의 장은 재검토의 결과보고서를 작성·보존 및 공개하고, 다음 재검토를 실시할 때 그 내용을 반영하여야 한다.

4. 소상공인 등에 대한 규제 형평

(1) 중앙행정기관의 장은 규제를 신설하거나 강화하려는 경우 소상공인 및 소기업에 대하여 해당 규제를 적용하는 것이 적절하지 아니하거나 과도한 부담을 줄 우려가 있다고 판단되면 규제의 전부 또는 일부의 적용을 면제하거나 일정기간 유예하는 등의 방안을 검토하여야 한다.

(2) 중앙행정기관의 장은 소상공인 등에 대한 규제 형평을 적용하는 것이 적절하지 아니하다고 판단될 경우에는 위원회에 심사를 요청할 때에 그 판단의 근거를 제시하여야 한다.

5. 예비심사

(1) 중요규제 여부 결정

위원회는 규제의 심사를 요청받은 날부터 10일 이내에 중요규제인지를 결정하여야 한다. 위원회가 중요규제가 아니라고 결정한 규제는 위원회의 심사를 받은 것으로 본다.

(2) 중요규제의 판단기준

① 국민이 부담하여야 할 비용이 연간 100억 원 이상인 규제
② 규제를 받는 사람의 수가 연간 100만 명 이상인 규제
③ 명백하게 진입이나 경쟁이 제한적인 성격의 규제
④ 국제기준에 비추어 규제 정도가 과도하거나 불합리한 규제
⑤ 다른 행정기관에 의하여 시행되고 있거나 시행 예정인 규제와 심각한 불일치 또는 간섭을 발생시키는 규제
⑥ 이해관계인 간 이견이 첨예하게 대립하거나 사회·경제적으로 상당한 부작용이 우려되는 규제

(3) 예외

심사를 요청받은 규제가 중요규제 판단기준의 어느 하나에 해당하더라도 이해관계인 간의 이견이 없으면서 다른 규제대안이 없는 경우 등 불가피성이 인정되는 경우에는 중요규제로 보지 아니할 수 있다.

6. 심사

위원회는 중요규제라고 결정한 규제에 대하여는 심사 요청을 받은 날부터 45일 이내에 심사를 끝내야 한다. 다만, 심사기간의 연장이 불가피한 경우에는 위원회의 결정으로 15일을 넘지 아니하는 범위에서 한 차례만 연장할 수 있다.

7. 긴급한 규제의 신설·강화 심사

(1) 심사 요청

긴급하게 규제를 신설하거나 강화하는 경우에는 규제영향분석 및 자체심사, 재검토기한 연장 요청, 의견 수렴 및 심사 요청의 절차를 거치지 아니하고 위원회에 심사를 요청할 수 있다. 이 경우 그 사유를 제시하여야 한다.

(2) 긴급성이 인정되는 경우

위원회는 심사 요청된 규제의 긴급성이 인정된다고 결정하면 심사를 요청받은 날부터 20일 이내에 규제의 신설 또는 강화의 타당성을 심사하고 그 결과를 관계 중앙행정기관의 장에게 통보하여야 한다. 이 경우 관계 중앙행정기관의 장은 위원회의 심사 결과를 통보받은 날부터 60일 이내에 위원회에 규제영향분석서를 제출하여야 한다.

(3) 긴급성이 부정되는 경우

위원회는 심사 요청된 규제의 긴급성이 인정되지 아니한다고 결정하면 심사를 요청받은 날부터 10일 이내에 관계 중앙행정기관의 장에게 절차를 거치도록 요구할 수 있다.

8. 심사 효과

(1) 개선 권고

위원회는 규제의 신설 또는 강화를 철회하거나 개선하도록 권고할 수 있다.

(2) 재심사

중앙행정기관의 장은 위원회의 심사 결과에 이의가 있거나 위원회의 권고대로 조치하기가 곤란하다고 판단되는 특별한 사정이 있는 경우에는 위원회에 재심사를 요청할 수 있다.

04 기존규제의 정비

1. 규제 정비의 요청

(1) 누구든지 위원회에 기존규제의 정비를 요청할 수 있다.

(2) 위원회는 정비 요청을 받으면 해당 규제의 소관 행정기관의 장에게 지체 없이 통보하여야 하고, 행정기관의 장은 책임자 실명으로 성실히 답변하여야 한다.

(3) 위원회는 해당 행정기관의 장에게 규제 존치의 필요성 등에 대하여 소명할 것을 요청할 수 있으며 소명을 요청받은 행정기관의 장은 특별한 사유가 없으면 이에 따라야 한다.

(4) 중앙행정기관은 위원회에 다른 행정기관 소관의 규제에 관한 의견을 제출할 수 있다.

2. 기존규제 심사

위원회는 의견을 수렴한 결과 특정한 기존규제에 대한 심사가 필요하다고 인정한 경우 기존규제의 정비에 관하여 심사할 수 있다.

3. 기존규제의 자체정비

(1) 중앙행정기관의 장은 매년 소관 기존규제에 대하여 정비하여야 한다.

(2) 중앙행정기관의 장은 기존규제에 대한 점검결과 존속시켜야 할 명백한 사유가 없는 규제는 존속기한 또는 재검토기한을 명시하여야 한다.

(3) 신기술 서비스 · 제품 관련 규제의 정비 및 특례

① 규제의 신속 확인

㉠ 중앙행정기관의 장은 신기술 서비스 · 제품과 관련된 규제와 관련하여 규제의 적용 또는 존재 여부에 대하여 국민이 확인을 요청하는 경우 이를 지체 없이 확인하여 통보하여야 한다.

㉡ 중앙행정기관의 장은 기존 규제가 신기술 서비스 · 제품의 육성을 저해하는 경우에는 해당 규제를 신속하게 정비하여야 한다.

② 규제 특례

중앙행정기관의 장은 규제가 정비되기 전이라도 규제 특례 관계법률로 정하는 바에 따라 해당 규제의 적용을 면제하거나 완화할 수 있다.

③ 규제 특례 적용 시 고려사항

㉠ 국민의 안전·생명·건강에 위해가 되거나 환경 및 지역균형발전을 저해하는지 여부와 개인정보의 안전한 보호 및 처리 여부

㉡ 해당 신기술 서비스·제품의 혁신성 및 안전성과 그에 따른 이용자의 편익

㉢ 규제의 적용 면제 또는 완화로 인하여 발생할 수 있는 부작용에 대한 사후 책임 확보 방안

④ 규제 특례 위원회의 심의·재심의

규제 특례 주관기관은 규제 특례를 부여하려는 경우에는 90일 이내(1회에 한정하여 30일 범위에서 연장 가능)에 규제 특례 위원회에 해당 사항을 상정하여 심의·의결을 거쳐야 한다. 규제 특례 위원회에서 규제 특례 부여가 부결된 경우에는 규제 특례의 부여를 신청한 자는 재심의를 신청할 수 있다.

⑤ 변경 신청

신기술 서비스·제품과 관련된 규제 특례를 부여받은 자는 사정의 변경 등 정당한 사유가 있는 경우 규제 특례의 내용·조건 등의 변경을 신청할 수 있다.

4. 신산업 규제정비 기본계획의 수립 및 시행

위원회는 신산업을 육성하고 촉진하기 위하여 신산업 분야의 규제정비에 관한 기본계획을 3년마다 수립·시행하여야 한다. 중앙행정기관의 장은 기본계획에 따라 연도별 시행계획을 규제정비 계획에 반영하여야 한다.

5. 규제정비 종합계획

(1) 규제정비 종합계획의 수립

① 위원회는 매년 정비지침을 작성하고 중앙행정기관의 장에게 통보하여야 한다.

② 중앙행정기관의 장은 정비지침에 따라 그 기관의 규제정비 계획을 수립하여 위원회에 제출하여야 한다.

③ 위원회는 중앙행정기관별 규제정비 계획을 종합하여 정부의 규제정비 종합계획을 수립한다.

(2) 규제정비 종합계획의 시행

중앙행정기관의 장은 규제정비 종합계획에 따라 소관 기존규제를 정비하고 그 결과를 위원회에 제출하여야 한다.

(3) 조직 정비 등

위원회는 기존규제가 정비된 경우 정부의 조직과 예산을 관장하는 관계 중앙행정기관의 장에게 이를 통보하여야 한다.

05 규제개혁위원회

1. 설치

정부의 규제정책을 심의·조정하고 규제의 심사·정비 등에 관한 사항을 종합적으로 추진하기 위하여 대통령 소속으로 규제개혁위원회를 둔다.

2. 기능

(1) 심의·조정 사항

① 규제정책의 기본방향과 규제제도의 연구·발전에 관한 사항
② 규제의 신설·강화 등에 대한 심사에 관한 사항
③ 기존규제의 심사, 신산업 규제정비 기본계획 및 규제정비 종합계획의 수립·시행에 관한 사항
④ 규제의 등록·공표에 관한 사항
⑤ 규제 개선에 관한 의견 수렴 및 처리에 관한 사항
⑥ 각급 행정기관의 규제 개선 실태에 대한 점검·평가에 관한 사항

(2) 의견제출 및 권고

위원회는 규제 특례 위원회에 의견을 제출하거나, 필요한 경우 권고할 수 있다. 이 경우 권고를 받은 규제 특례 위원회는 권고사항에 대한 처리결과를 위원회에 제출하여야 한다.

3. 회의록의 작성·공개

위원회는 회의 일시, 장소, 참석자, 안건, 토의 내용 및 의결 사항 등을 기록한 회의록을 작성·보존하여야 한다. 작성한 회의록은 공개를 원칙으로 한다.

4. 규제 개선 점검·평가

(1) 위원회는 효과적인 규제 개선을 위하여 각급 행정기관의 규제제도의 운영 실태와 개선사항을 확인·점검하여야 하며, 그 확인·점검 결과를 평가하여 국무회의와 대통령에게 보고하여야 한다.

(2) 위원회는 규제 개선에 소극적이거나 이행 상태가 불량하다고 판단되는 경우 대통령에게 그 시정에 필요한 조치를 건의할 수 있다.

(3) 위원회는 확인·점검 및 평가를 객관적으로 하기 위하여 관련 전문기관 등에 제도·기반연구 또는 여론조사를 의뢰할 수 있다.

5. 규제개혁 백서

위원회는 매년 정부의 주요 규제개혁 추진상황에 관한 백서(白書)를 발간하여 국민에게 공표하여야 한다.

행정사

이준희 행정절차론

Chapter

07

주민등록법

Chapter 07 주민등록법

01 주민등록법상 주민등록표 작성 · 재작성

1. 대상자

시장 · 군수 또는 구청장은 30일 이상 거주할 목적으로 그 관할 구역에 거주지를 가진 주민을 거주자 · 거주불명자 · 재외국민으로 등록하여야 한다. 다만, 외국인은 예외로 한다. 이 경우 영내에 기거하는 군인은 그가 속한 세대의 거주지에서 본인이나 세대주의 신고에 따라 등록하여야 한다.

2. 주민등록표 등의 작성

시장 · 군수 또는 구청장은 주민등록정보시스템으로 개인별 및 세대별 주민등록표와 세대별 주민등록표 색인부를 작성하고 기록 · 관리 · 보존하여야 한다.

3. 주민등록표의 재작성

(1) 시장 · 군수 또는 구청장은 ① 재해 · 재난 등으로 주민등록표가 멸실되거나 손상되어 복구가 불가능한 때, ② 세대주가 변경된 때에 해당하면 주민등록표를 다시 작성하고 신고의무자의 확인을 받아야 한다.

(2) 세대주가 변경된 때에는 세대별 주민등록표에 한정하여 작성한다.

(3) 주민등록표가 멸실되거나 손상되어 복구가 불가능한 때에는 주민등록표에 그 사유를 기록하여야 하고, 세대주가 변경된 때에는 이전의 주민등록표는 보존 · 관리하여야 한다.

02 주민등록번호 정정

1. 정정 요구

주민등록지의 시장·군수 또는 구청장은 정정 사유가 발생하면 주민등록번호를 부여한 시장·군수 또는 구청장에게 주민등록번호의 정정을 요구하여야 한다.

2. 정정 사유

(1) 등록 사항의 정정으로 인하여 주민등록번호를 정정하여야 하는 경우

(2) 주민등록번호의 오류를 이유로 정정신청을 받은 경우

(3) 주민등록번호에 오류가 있음을 발견한 경우

03 주민등록번호 변경

1. 변경신청 사유

(1) 유출된 주민등록번호로 인하여 생명·신체·재산에 피해를 입거나 입을 우려가 있다고 인정되는 사람

(2) 「아동·청소년의 성보호에 관한 법률」에 따른 피해아동·청소년, 성폭력피해자, 성매매피해자, 가정폭력범죄의 피해자 등에 해당하는 사람으로서 유출된 주민등록번호로 인하여 피해를 입거나 입을 우려가 있다고 인정되는 사람

2. 변경신청

(1) 변경신청은 입증자료를 첨부하여 주민등록지 또는 거주지의 시장·군수 또는 구청장에게 주민등록번호의 변경을 신청할 수 있다. 입증자료를 거짓으로 제출한 사람에게는 1천만 원 이하의 과태료를 부과한다.

(2) 신청을 받은 주민등록지의 시장·군수 또는 구청장은 주민등록번호변경위원회에 변경 여부에 관한 결정을 청구하여야 한다.

3. 주민등록번호변경위원회 변경심사

(1) 변경위원회는 청구를 받은 날부터 90일 이내에 심사·의결을 완료하고 그 결과를 통보하여야 한다. 다만, 30일의 범위에서 그 기간을 연장할 수 있다.
유출된 주민등록번호로 인하여 생명·신체에 위해를 입거나 위해의 발생이 긴박하여 변경청구의 중대성·시급성이 인정되는 경우에는 청구를 받은 날부터 45일 이내에 심사·의결을 완료하고 그 결과를 해당 주민등록지의 시장·군수 또는 구청장에게 통보하여야 한다. 다만, 이 기간 안에 심사·의결을 완료하기 어려운 경우 변경위원회는 그 의결로 30일의 범위에서 그 기간을 연장할 수 있다.

(2) 변경위원회는 청구를 심사한 결과 ① 범죄경력을 은폐하거나 법령상의 의무를 회피할 목적이 있는 경우, ② 수사나 재판을 방해할 목적이 있는 경우, ③ 선량한 풍속 기타 사회질서에 위반되는 경우에 해당하는 사유가 있는 경우에는 청구를 받아들이지 아니하는 결정 등을 할 수 있다.

4. 이의신청

주민등록번호의 변경 결정 이외의 결정을 통보받은 경우, 신청인은 30일 이내에 서면 또는 행정안전부장관이 정하는 정보시스템을 이용하여 이의신청을 할 수 있다.

04 주민등록 신고

1. 신고주의 원칙

주민의 등록은 주민의 신고에 따르며, 이중으로 신고할 수 없다.

2. 신고의무자

(1) 원칙

세대주가 신고사유가 발생한 날부터 14일 이내에 하여야 한다. 다만, 세대주가 신고할 수 없으면 세대를 관리하는 자 또는 본인 등이 할 수 있다.

(2) 재외국민의 신고

재외국민이 국내에 30일 이상 거주할 목적으로 입국하는 때에는 재외국민 본인이 하여야 한다.

(3) 합숙하는 곳에서의 신고의무자

신고사유가 발생한 날부터 14일 이내에 그 숙소의 관리자가 신고하여야 한다.

3. 해외체류에 관한 신고

90일 이상 해외에 체류할 목적으로 출국하려는 경우 출국 후에 그가 속할 세대의 거주지를 주소로 미리 신고할 수 있다. 신고는 신고할 주소지를 관할하는 시장·군수 또는 구청장에게 한다.

07

4. 정정신고

신고사항에 변동이 있으면 변동이 있는 날부터 14일 이내 그 정정신고를 하여야 한다.

5. 국외이주신고 등

주민등록을 한 거주자 또는 거주불명자가 대한민국 외에 거주지를 정하려는 때 또는 재외국민 신고를 한 재외국민이 국외에 30일 이상 거주할 목적으로 출국하려는 때에는 그의 현 거주지를 관할하는 시장·군수 또는 구청장에게 미리 신고하여야 한다.

6. 전입신고(거주지의 이동)

(1) 신고의무자의 신고

신거주지에 전입한 날부터 14일 이내에 신거주지의 시장 · 군수 또는 구청장에게 신고하여야 한다.

(2) 관련 공부 이송 요청

신거주지의 시장 · 군수 또는 구청장은 전입신고를 받으면 지체 없이 전 거주지의 시장 · 군수 또는 구청장에게 전입신고사항을 알리고 주민등록정보시스템을 이용하여 주민등록표와 관련 공부의 이송을 요청하여야 한다.

(3) 이송

이송요청을 받은 전 거주지의 시장 · 군수 또는 구청장은 전출대상자가 세대원 전원이거나 세대주를 포함한 세대의 일부 전출인 경우에는 주민등록표와 관련 공부를, 세대주를 제외한 세대의 일부의 전출인 경우에는 전출자의 개인별 주민등록표와 관련 공부를 지체 없이 정리하여 신거주지의 시장 · 군수 또는 구청장에게 주민등록정보시스템을 이용하여 이송하여야 한다.

(4) 주민등록표 정리

신거주지의 시장 · 군수 또는 구청장은 주민등록표와 관련 공부가 이송되어 오면 전입신고서와 대조 · 확인한 후 지체 없이 주민등록표와 관련 공부를 정리 또는 작성하여야 한다.

(5) 전입신고 사실의 통보

시장 · 군수 또는 구청장은 관할 구역에 거주지를 가진 세대주나 거주지에 있는 건물 또는 시설의 소유자 또는 임대인의 신청이 있는 경우에는 그 거주지를 신거주지로 하는 전입신고를 받을 때마다 전입신고가 있었다는 사실을 그 세대주, 소유자 또는 임대인에게 통보할 수 있다.

05 주민등록신고와 다른 법령에 따른 신고와의 관계

1. 「가족관계의 등록 등에 관한 법률」과의 관계

「주민등록법」에 따른 신고사항과 「가족관계의 등록 등에 관한 법률」에 따른 신고사항이 같으면 「가족관계의 등록 등에 관한 법률」에 따른 신고로써 「주민등록법」상 주민등록신고를 갈음한다.

2. 가족관계등록신고 등에 따른 주민등록표의 정리

(1) 신고지와 주민등록지가 같은 경우

주민등록지의 시장·군수 또는 구청장은 「가족관계의 등록 등에 관한 법률」에 따른 신고를 받으면 주민등록표를 정리하여야 한다.

(2) 신고지와 주민등록지가 다른 경우

가족관계등록 신고지의 시장·구청장 또는 읍·면장이 「가족관계의 등록 등에 관한 법률」에 따른 신고를 받아 가족관계등록부의 기록사항을 변경하면 지체 없이 그 신고사항을 주민등록지의 시장·군수 또는 구청장에게 통보하여야 하며, 그 통보를 받은 주민등록지의 시장·군수 또는 구청장은 이에 따라 주민등록표를 정리하여야 한다.

3. 주민등록과 가족관계등록과의 관련

(1) 등록기준지와 주민등록지가 다른 경우에 주민등록지의 시장·군수 또는 구청장이 가족관계등록부의 기록사항과 같은 내용의 주민등록표를 정리하면 그 내용을 등록기준지의 시장·구청장 또는 읍·면장에게 알려야 한다.

(2) 통보를 받은 시장·구청장 또는 읍·면장은 통보받은 사항 중 가족관계등록부의 기록사항과 다른 사항에 대하여는 지체 없이 그 내용을 주민등록지의 시장·군수 또는 구청장에게 알려야 한다.

4. 다른 법령에 따른 신고와의 관계

주민의 거주지 이동에 따른 주민등록의 전입신고가 있으면 「병역법」, 「민방위기본법」, 「인감증명법」, 「국민기초생활 보장법」, 「국민건강보험법」 및 「장애인복지법」에 따른 거주지 이동의 전출신고와 전입신고를 한 것으로 본다.

06 주민등록법상 사실조사, 직권조치, 이의신청

1. 사실조사

(1) 사실조사 인정 사유

① 신고사항을 14일 이내에 신고하지 아니한 때
② 신고사항을 부실하게 신고한 때
③ 신고사항의 신고된 내용이 사실과 다르다고 인정할 만한 상당한 이유가 있는 때

(2) 최고 또는 공고

사실조사 등을 통하여 신고의무자가 신고할 사항을 신고하지 아니하였거나 신고된 내용이 사실과 다른 것을 확인하면 일정한 기간을 정하여 신고의무자에게 사실대로 신고할 것을 최고 또는 공고하여야 한다. 최고 또는 공고에는 정하여진 기간에 신고하지 아니하면 직권조치를 할 수 있음을 알려야 한다.

2. 직권조치

(1) 주민등록 또는 등록사항 정정 · 말소

시장 · 군수 또는 구청장은 신고의무자가 정하여진 기간에 신고하지 아니하면 주민등록을 하거나 등록사항을 정정 또는 말소하여야 한다.

(2) 거주불명 등록

거주사실이 불분명한 경우에는 그 신고의무자가 마지막으로 신고한 주소를 행정상 관리주소로 하여 거주불명 등록을 하여야 한다.

3. 거주불명자에 대한 사실조사와 직권조치

시장 · 군수 또는 구청장은 거주불명자 관리를 위하여 거주불명자의 거주사실 등에 대한 사실조사를 실시하여야 하며, 직권조치를 한 경우에는 14일 이내에 그 사실을 신고의무자에게 최고 또는 공고하여야 한다.

4. 이의신청

직권조치 처분에 대하여 이의가 있으면 그 처분일 또는 통지를 받거나 공고된 날부터 30일 이내에 서면으로 이의를 신청할 수 있다.

07 주민등록표의 열람 또는 등 · 초본의 교부

1. 신청자

(1) 원칙

주민등록표의 열람이나 등 · 초본의 교부신청은 본인이나 세대원이 할 수 있다.

(2) 예외

① 본인이나 세대원의 위임이 있는 경우
② 국가나 지방자치단체가 공무상 필요로 하는 경우
③ 소송 · 비송사건 · 경매목적 수행상 필요한 경우
④ 다른 법령에 주민등록자료를 요청할 수 있는 근거가 있는 경우
⑤ 다른 법령에서 본인이나 세대원이 아닌 자에게 등 · 초본의 제출을 의무화하고 있는 경우
⑥ ㉠ 세대주의 배우자, ㉡ 세대주의 직계혈족, ㉢ 세대주의 배우자의 직계혈족, ㉣ 세대주의 직계혈족의 배우자, ㉤ 세대원의 배우자(초본), ㉥ 세대원의 직계혈족(초본)
⑦ 채권 · 채무관계 등 정당한 이해관계가 있는 자가 신청하는 경우(초본)

2. 열람 또는 등 · 초본 교부의 제한

(1) 전자문서나 무인민원발급기를 이용하는 경우에는 신청자 본인이나 세대원의 주민등록표 등 · 초본의 교부에 한정한다.

(2) 열람 또는 등 · 초본의 교부가 개인의 사생활을 침해할 우려가 있거나 공익에 반한다고 판단되면 그 열람을 하지 못하게 하거나 등 · 초본을 발급하지 아니할 수 있다.

(3) 가정폭력 피해자는 가정폭력행위자가 본인과 주민등록지를 달리하는 경우 대상자를 지정하여 가정폭력피해자 등의 주민등록표의 열람 또는 등 · 초본의 교부를 제한하도록 신청할 수 있다.

(4) 이혼한 자와 같은 세대를 구성하지 아니한 그 직계비속이 이혼한 자의 주민등록표의 열람 또는 등 · 초본의 교부를 신청한 경우에는 주민등록표 초본만을 열람하게 하거나 교부할 수 있다.

08 전입세대확인서의 열람 또는 교부

1. 열람 또는 교부 신청

주민등록표 중 해당 건물 또는 시설의 소재지에 주민등록이 되어 있는 세대주와 동거인(말소 또는 거주불명 등록된 사람을 포함)의 전입세대확인서 열람 또는 교부 신청을 할 수 있다. 전입세대확인서의 열람 및 교부는 주민등록정보시스템을 통하여 한다.

2. 전입세대확인서의 열람 또는 교부 신청을 할 수 있는 자

(1) 해당 건물 또는 시설의 소유자 본인이나 그 세대원, 임차인 본인이나 그 세대원, 매매계약자 또는 임대차계약자 본인

(2) 해당 건물 또는 시설의 소유자, 임차인, 매매계약자 또는 임대차계약자 본인의 위임을 받은 자

(3) 다음의 어느 하나에 해당하는 경우로서 열람 또는 교부 신청을 하려는 자

① 경매참가자가 경매에 참가하려는 경우
② 신용조사회사 또는 감정평가법인 등이 임차인의 실태 등을 확인하려는 경우
③ 금융회사 등이 담보주택의 근저당을 설정하려는 경우
④ 법원의 현황조사명령서에 따라 집행관이 현황조사를 하려는 경우
⑤ 국가 또는 지방자치단체가 공무상 필요로 하는 경우

09 주민등록증

1. 주민등록지

주민등록지를 공법 관계에서의 주소로 하며, 신고의무자가 신거주지에 전입신고를 하면 신거주지에서의 주민등록이 전입신고일에 된 것으로 본다.

2. 주민등록증의 발급

(1) 시장 · 군수 또는 구청장은 17세 이상인 자에 대하여 주민등록증을 발급한다. 다만, 중증시각장애인이 신청하는 경우 시각장애인용 점자 주민등록증을 발급할 수 있다.

(2) 주민등록증에는 성명, 사진, 주민등록번호, 주소, 지문, 발행일, 주민등록기관을 수록한다.

(3) 주민등록증을 발급받을 나이가 된 사람은 시장 · 군수 또는 구청장에게 주민등록증의 발급을 신청하여야 한다. 이 경우 시장 · 군수 또는 구청장은 기간 내에 발급신청을 하지 아니한 사람에게 발급신청을 할 것을 최고할 수 있다.

3. 모바일 주민등록증

(1) 시장 · 군수 또는 구청장은 주민등록증을 발급받은 사람이 주민등록증과 효력이 동일한 모바일 주민등록증의 발급을 신청하는 경우에는 발급할 수 있다.

(2) 재발급 신청 사유

① 주민등록번호가 정정되어 주민등록증을 재발급받은 경우(의무)
② 주소 외의 사항이 변경되어 주민등록증을 재발급받은 경우(의무)
③ 성명, 생년월일 또는 성별의 변경으로 주민등록증을 재발급받은 경우(의무)
④ 모바일 주민등록증이 설치된 이동통신단말장치의 분실이나 훼손으로 모바일 주민등록증의 사용이 불가능한 경우
⑤ 그 밖에 모바일 주민등록증의 재발급이 필요하다고 인정되는 경우

(3) 시장 · 군수 또는 구청장은 모바일 주민등록증을 발급하거나 재발급하는 경우 수수료를 징수하지 못하며, 모바일 주민등록증의 발급을 이유로 조세나 그 밖의 어떠한 명목의 공과금도 징수하여서는 아니 된다.

4. 주민등록증에 따른 확인

(1) 국가기관 등에서 ① 민원서류 등을 접수할 때, ② 특정인에게 자격을 인정하는 증서를 발급할 때 등의 업무를 수행할 때에 17세 이상의 자에 대하여 성명·사진·주민등록번호 또는 주소를 확인할 필요가 있으면 증빙서류를 붙이지 아니하고 주민등록증 또는 모바일 주민등록증으로 확인하여야 한다.

(2) 행정안전부장관은 주민등록정보시스템을 이용하여 주민등록확인서비스(휴대전화 등 정보통신기기로 성명·사진·주민등록번호 또는 주소를 확인할 수 있는 서비스)를 제공할 수 있다.

(3) 주민등록확인서비스를 이용하여 성명·사진·주민등록번호 또는 주소를 확인한 경우 주민등록증 또는 모바일 주민등록증으로 성명·사진·주민등록번호 또는 주소를 확인한 것으로 본다.

5. 주민등록증의 제시요구

(1) 사법경찰관리가 범인을 체포하는 등 그 직무를 수행할 때에 17세 이상인 주민의 신원이나 거주 관계를 확인할 필요가 있으면 주민등록증의 제시를 요구할 수 있다. 이 경우 사법경찰관리는 주민등록증을 제시하지 아니하는 자로서 신원을 증명하는 증표나 그 밖의 방법에 따라 신원이나 거주 관계가 확인되지 아니하는 자에게는 범죄의 혐의가 있다고 인정되는 상당한 이유가 있을 때에 한정하여 인근 관계 관서에서 신원이나 거주 관계를 밝힐 것을 요구할 수 있다.

(2) 사법경찰관리는 신원 등을 확인할 때 친절과 예의를 지켜야 하며, 정복근무 중인 경우 외에는 미리 신원을 표시하는 증표를 지니고 이를 관계인에게 내보여야 한다.

6. 주민등록증의 재발급

(1) 주민등록증을 발급받은 후 ① 주민등록증의 분실이나 훼손, ② 성명, 생년월일 또는 성별의 변경 등에 해당하는 사유로 재발급을 받으려는 자는 시장·군수 또는 구청장에게 그 사실을 신고하고 재발급을 신청하여야 한다.

(2) 주민등록 업무를 수행하는 공무원은 ① 주민등록증이 훼손되거나 그 밖의 사유로 그 내용을 알아보기 어려운 경우, ② 주민등록증의 주요 기재내용이 변경된 경우에 해당하는 사유로 업무수행이 어려우면 그 주민등록증을 회수하고, 본인이 시장·군수 또는 구청장에게 재발급 신청을 하도록 하여야 한다.

(3) 시장·군수 또는 구청장은 주민등록증을 재발급 신청하는 자에게 수수료를 징수할 수 있다.

7. 중증장애인에 대한 주민등록증의 발급 및 재발급

시장·군수 또는 구청장은 중증장애인으로서 본인이 직접 주민등록증의 발급·재발급을 신청하기가 어렵다고 판단하는 경우에는 관계 공무원으로 하여금 해당 중증장애인을 직접 방문하게 하여 주민등록증을 발급·재발급할 수 있다.

행정사
이준희 행정절차론

Chapter

08

가족관계의 등록 등에 관한 법률

Chapter

08 가족관계의 등록 등에 관한 법률

01 가족관계등록법상 증명서의 교부 및 열람

1. 원칙

본인 또는 배우자, 직계혈족(본인등)은 등록사항별 증명서의 기록사항에 관하여 발급할 수 있는 증명서의 교부를 청구할 수 있고, 본인등의 대리인이 청구하는 경우에는 본인등의 위임을 받아야 한다.

인터넷에 의한 증명서 발급은 본인 또는 배우자, 부모, 자녀가 신청할 수 있고, 무인증명서발급기에 의한 증명서 발급은 본인만 할 수 있다.

2. 예외

(1) 국가 또는 지방자치단체가 직무상 필요에 따라 문서로 신청하는 경우

(2) 그 밖에 대법원규칙으로 정하는 정당한 이해관계가 있는 사람이 신청하는 경우

(3) 다른 법령에서 본인등에 관한 증명서를 제출하도록 요구하는 경우

(4) 소송·비송·민사집행의 각 절차에서 필요한 경우

3. 친양자입양관계증명서를 교부 청구할 수 있는 경우

(1) 친양자가 성년이 되어 신청하는 경우

(2) 법원의 사실조회촉탁이 있거나 수사기관이 수사상 필요에 따라 문서로 신청하는 경우

(3) 혼인당사자가 친족관계를 파악하고자 하는 경우

4. 제한

(1) 증명서 교부 청구가 사생활의 비밀을 침해하는 등 부당한 목적에 의한 것이 분명하다고 인정되는 때에는 증명서의 교부를 거부할 수 있다.

(2) 등록사항별 증명서를 제출할 것을 요구하는 자는 사용목적에 필요한 최소한의 등록사항이 기록된 일반증명서 또는 특정증명서를 요구하여야 한다.

(3) 상세증명서를 요구하는 경우 그 이유를 설명하여야 한다.

(4) 제출받은 증명서를 사용목적 외의 용도로 사용하여서는 아니 된다.

(5) 가정폭력피해자는 교부제한대상자를 지정하여 시・읍・면의 장에게 가정폭력피해자 본인의 등록사항별 증명서의 교부를 제한하거나 그 제한을 해지하도록 신청할 수 있다.

(6) 신청을 받은 시・읍・면의 장은 교부제한대상자 또는 그 대리인에게 가정폭력피해자 본인의 등록사항별 증명서를 교부하지 아니할 수 있다.

5. 열람

(1) 본인 또는 배우자, 부모, 자녀는 등록부등의 기록사항의 전부 또는 일부에 대하여 전자적 방법에 의한 열람을 청구할 수 있다.

(2) 친양자입양관계증명서는 친양자가 성년이 된 이후에만 청구할 수 있다.

(3) 교부제한대상자에게는 가정폭력피해자 본인의 등록부등의 기록사항을 열람하게 하지 아니한다.

02 가족관계등록 등에 관한 법률상 증명서의 종류

1. 일반증명서의 기재사항

(1) 가족관계증명서

① 본인의 등록기준지 · 성명 · 성별 · 본 · 출생연월일 및 주민등록번호

② 부모의 성명 · 성별 · 본 · 출생연월일 및 주민등록번호

③ 배우자, 생존한 현재의 혼인 중의 자녀의 성명 · 성별 · 본 · 출생연월일 및 주민등록번호

(2) 기본증명서

① 본인의 등록기준지 · 성명 · 성별 · 본 · 출생연월일 및 주민등록번호

② 본인의 출생, 사망, 국적상실에 관한 사항

(3) 혼인관계증명서

① 본인의 등록기준지 · 성명 · 성별 · 본 · 출생연월일 및 주민등록번호

② 배우자의 성명 · 성별 · 본 · 출생연월일 및 주민등록번호

③ 현재의 혼인에 관한 사항

(4) 입양관계증명서

① 본인의 등록기준지 · 성명 · 성별 · 본 · 출생연월일 및 주민등록번호

② 친생부모 · 양부모 또는 양자의 성명 · 성별 · 본 · 출생연월일 및 주민등록번호

③ 현재의 입양에 관한 사항

(5) 친양자입양관계증명서

① 본인의 등록기준지 · 성명 · 성별 · 본 · 출생연월일 및 주민등록번호

② 친생부모 · 양부모 · 친양자의 성명 · 성별 · 본 · 출생연월일 및 주민등록번호

③ 현재의 친양자 입양에 관한 사항

2. 상세증명서의 기재사항

(1) 가족관계증명서

모든 자녀의 성명 · 성별 · 본 · 출생연월일 및 주민등록번호

(2) 기본증명서

국적취득 및 회복 등에 관한 사항

(3) 혼인관계증명서

혼인 및 이혼에 관한 사항

(4) 입양관계증명서

입양 및 파양에 관한 사항

(5) 친양자입양관계증명서

친양자 입양 및 파양에 관한 사항

3. 특정증명서의 기재사항

(1) 가족관계증명서에 대한 특정증명서의 기재사항

① 본인의 성명·성별·출생연월일 및 주민등록번호
② 부모, 배우자 및 자녀 중 신청인이 선택한 사람의 성명·성별·출생연월일 및 주민등록번호(사람을 복수로 선택할 수 있다.)
③ 본인의 등록기준지(신청인이 기재사항으로 선택한 경우)
④ 본인 및 신청인이 선택한 사람의 본(신청인이 기재사항으로 선택한 경우)

(2) 기본증명서에 대한 특정증명서의 기재사항

① 본인의 성명·성별·출생연월일 및 주민등록번호
② 다음 중 신청인이 선택한 어느 하나에 관한 사항
　㉠ 출생, 사망과 실종
　㉡ 인지와 친생자관계 정정
　㉢ 친권과 미성년후견(다만, 현재의 사항만을 선택할 수도 있다.)
　㉣ 개명과 성·본 변경
　㉤ 국적의 취득과 상실
　㉥ 성별 등의 정정
③ 본인의 등록기준지(신청인이 기재사항으로 선택한 경우)
④ 본인의 본(신청인이 기재사항으로 선택한 경우)

(3) 혼인관계증명서에 대한 특정증명서의 기재사항

① 본인의 성명·성별·출생연월일 및 주민등록번호
② 신청인이 선택한 과거의 혼인에 관한 사항
③ 본인의 등록기준지(신청인이 기재사항으로 선택한 경우)
④ 본인의 본(신청인이 기재사항으로 선택한 경우)

03 가정폭력피해자에 관한 기록사항의 공시 제한

1. 가정폭력피해자 또는 그 대리인은 가정폭력피해자의 배우자 또는 직계혈족(배우자 또는 직계혈족이었던 사람을 포함)을 지정(공시제한대상자)하여 시·읍·면의 장에게 등록부등 가정폭력피해자에 관한 기록사항을 가리도록 제한하거나 그 제한을 해지하도록 신청할 수 있다.

2. 공시 제한의 대상

(1) 공시제한대상자 본인등 또는 그 대리인이 공시제한대상자의 등록사항별 증명서를 열람 또는 교부하거나 무인증명서발급기 또는 인터넷으로 등록사항별 증명서를 발급할 때

(2) 공시제한대상자 또는 그 대리인이 공시제한대상자의 배우자 또는 직계혈족으로서 가정폭력피해자가 아닌 사람의 등록사항별 증명서를 열람 또는 교부하거나 무인증명서발급기 또는 인터넷으로 등록사항별 증명서를 발급할 때

참조

1. 공시제한대상자의 등록사항별 증명서
공시제한대상자 본인등 또는 그 대리인

2. 공시제한대상자의 배우자 또는 직계혈족으로서 가정폭력피해자가 아닌 사람의 등록사항별 증명서
공시제한대상자 또는 그 대리인

3. 공시 제한의 예외

(1) 국가 또는 지방자치단체가 직무상 필요에 따라 문서로 신청하는 경우

(2) 소송·비송·민사집행의 각 절차에서 필요한 경우

(3) 다른 법령에서 본인등에 관한 증명서를 제출하도록 요구하는 경우

(4) 대법원규칙으로 정하는 정당한 이해관계가 있는 사람이 신청하는 경우

04 가족관계등록 등에 관한 법률상 신고

1. 신고의 장소

신고사건은 본인의 등록기준지 또는 신고인의 주소지나 현재지에서 할 수 있다.

2. 방법

신고는 서면이나 말로 할 수 있다. 다만, 신고로 인하여 효력이 발생하는 등록사건은 본인이 출석하지 아니하는 경우에는 본인의 신분증명서를 제시하거나 인감증명서를 첨부하여야 한다. 이 경우 본인의 신분증명서를 제시하지 아니하거나 본인의 인감증명서를 첨부하지 아니한 때에는 신고서를 수리하여서는 아니 된다.

3. 전자문서를 이용한 신고

출생신고, 성·본 등 창설신고, 개명신고, 가족관계등록 창설신고, 104조·105조 등록부정정 신청은 전자문서로 할 수 있다.

4. 대리인에 의한 신고

신고인이 질병 또는 그 밖의 사고로 출석할 수 없는 때에는 대리인으로 하여금 신고하게 할 수 있다. 다만, 태아의 인지, 입양, 파양, 혼인 및 이혼의 신고는 그러하지 아니하다.

5. 제한능력자의 신고

신고하여야 할 사람이 미성년자 또는 피성년후견인일 때에는 친권자 또는 후견인을 신고의 무자로 한다.
다만, 미성년자 또는 피성년후견인이 그 법정대리인의 동의 없이 할 수 있는 행위에 관하여는 무능력자가 신고하여야 한다.

6. 신고기간

신고기간은 신고사건 발생일부터 기산한다. 이때 시·읍·면의 장은 신고기간이 경과한 후의 신고라도 수리하여야 한다.

05 출생신고

1. 신고기간

출생의 신고는 출생 후 1개월 이내에 하여야 한다.

2. 출생증명서

의사나 조산사가 작성한 출생증명서를 첨부하여야 한다. 출생증명서 또는 서면을 첨부할 수 없는 경우에는 가정법원의 출생확인을 받고 그 확인서를 받은 날부터 1개월 이내에 출생의 신고를 하여야 한다.

3. 출생사실의 통보

(1) 의료인은 해당 의료기관에서 출생이 있는 경우 출생사실을 확인하기 위하여 출생정보를 해당 의료기관에서 관리하는 출생자 모의 진료기록부 또는 조산기록부에 기재하여야 한다.

(2) 의료기관의 장은 출생일부터 14일 이내에 출생정보를 심사평가원에 제출하여야 한다.

(3) 심사평가원은 출생자 모의 주소지를 관할하는 시 · 읍 · 면의 장에게 해당 출생정보를 포함한 출생사실을 지체 없이 통보하여야 한다.

4. 출생신고의 확인 · 최고 및 직권 출생 기록

(1) 심사평가원의 통보를 받은 시 · 읍 · 면의 장은 신고기간 내에 출생자에 대한 출생신고가 되었는지를 확인하여야 한다.

(2) 시 · 읍 · 면의 장은 신고기간이 지나도록 통보받은 출생자에 대한 출생신고가 되지 아니한 경우에는 즉시 신고의무자에게 7일 이내에 출생신고를 할 것을 최고하여야 한다.

(3) 시 · 읍 · 면의 장은 ① 신고의무자가 최고기간 내에 출생신고를 하지 아니하거나 ② 신고의무자를 특정할 수 없는 등의 이유로 신고의무자에게 최고할 수 없는 경우에는 감독법원의 허가를 받아 해당 출생자에 대하여 직권으로 등록부에 출생을 기록하여야 한다.

5. 출생신고의 장소

(1) 출생의 신고는 출생지에서 할 수 있다.

(2) 기차나 그 밖의 교통기관 안에서 출생한 때에는 모가 교통기관에서 내린 곳에서 신고할 수 있다.

6. 신고의무자

(1) 혼인 중 출생자의 출생신고는 부 또는 모가 하여야 한다.

(2) 혼인외 출생자의 신고는 모가 하여야 한다(헌법불합치, 2021헌마975, 2023. 3. 23.).

(3) 「민법」에 따라 법원이 부를 정하여야 할 때에는 출생의 신고는 모가 하여야 한다.

(4) 신고의무자가 신고의무 기간 내에 신고를 하지 아니하여 자녀의 복리가 위태롭게 될 우려가 있는 경우에는 검사 또는 지방자치단체의 장이 출생의 신고를 할 수 있다.

7. 친생부인의 소를 제기한 때에도 출생신고를 하여야 한다.

8. 출생신고 전에 사망한 경우에는 출생의 신고와 동시에 사망의 신고를 하여야 한다.

06 인지신고

1. 태아의 인지

태내에 있는 자녀를 인지할 때에는 신고서에 그 취지, 모의 성명 및 등록기준지를 기재하여야 한다.

2. 친생자출생의 신고에 의한 인지(헌법불합치, 2021헌마975, 2023. 3. 23.)

(1) 부가 혼인외의 자녀에 대하여 친생자출생의 신고를 한 때에는 그 신고는 인지의 효력이 있다.

(2) 모가 특정됨에도 불구하고 모의 소재불명 또는 모가 정당한 사유 없이 출생신고에 필요한 서류 제출에 협조하지 아니하는 등의 장애가 있는 경우에는 부의 등록기준지 또는 주소지를 관할하는 가정법원의 확인을 받아 신고를 할 수 있다.

(3) 모를 특정할 수 없는 경우에는 부의 등록기준지 또는 주소지를 관할하는 가정법원의 확인을 받아 친생자출생에 따른 신고를 할 수 있다.

3. 재판에 의한 인지

인지의 재판이 확정된 경우에 소를 제기한 사람은 재판의 확정일부터 1개월 이내에 재판서의 등본 및 확정증명서를 첨부하여 그 취지를 신고하여야 한다.

4. 유언에 의한 인지

유언에 의한 인지의 경우에는 유언집행자는 그 취임일부터 1개월 이내에 신고를 하여야 한다.

5. 인지된 태아의 사산

인지된 태아가 사체로 분만된 경우에 출생의 신고의무자는 그 사실을 안 날부터 1개월 이내에 그 사실을 신고하여야 한다.

07 국적의 취득과 상실

1. 인지에 의한 국적취득의 통보

법무부장관은 지체 없이 등록기준지의 시・읍・면의 장에게 통보하여야 한다.

2. 귀화허가의 통보

법무부장관은 지체 없이 등록기준지의 시・읍・면의 장에게 통보하여야 한다.

3. 국적회복허가의 통보

법무부장관은 지체 없이 등록기준지의 시・읍・면의 장에게 통보하여야 한다.

4. 국적상실신고

국적상실의 신고는 배우자 또는 4촌 이내의 친족이 그 사실을 안 날부터 1개월 이내에 하여야 한다. 국적상실자 본인도 국적상실의 신고를 할 수 있다.

5. 국적선택 등의 통보

법무부장관은 다음의 어느 하나에 해당하는 사유가 발생한 경우 그 사람의 등록기준지(등록기준지가 없는 경우에는 그 사람이 정한 등록기준지)의 시・읍・면의 장에게 통보하여야 한다.

(1) 복수국적자로부터 대한민국 국적을 선택하는 신고를 수리한 때

(2) 국적이탈신고를 수리한 때

(3) 대한민국 국적의 취득이나 보유 여부가 분명하지 아니한 자에 대하여 이를 심사한 후 대한민국 국민으로 판정한 때

08 등록부의 정정

1. 등록부의 정정(제18조)

(1) 통지

등록부의 기록이 법률상 무효인 것이거나 그 기록에 착오 또는 누락이 있음을 안 때에는 시・읍・면의 장은 지체 없이 신고인 또는 신고사건의 본인에게 그 사실을 통지하여야 한다.

(2) 직권 정정

통지를 할 수 없을 때 또는 통지를 하였으나 정정신청을 하는 사람이 없는 때 또는 그 기록의 착오 또는 누락이 시・읍・면의 장의 잘못으로 인한 것일 때에는 시・읍・면의 장은 감독법원의 허가를 받아 직권으로 정정할 수 있다. 다만, 경미한 사항인 경우에는 시・읍・면의 장이 직권으로 정정하고, 감독법원에 보고하여야 한다.

2. 위법한 가족관계등록 기록의 정정(제104조)

등록부의 기록이 법률상 허가될 수 없는 것 또는 그 기재에 착오나 누락이 있다고 인정한 때에는 이해관계인은 사건본인의 등록기준지를 관할하는 가정법원의 허가를 받아 등록부의 정정을 신청할 수 있다.

3. 무효인 행위의 가족관계등록 기록의 정정(제105조)

신고로 인하여 효력이 발생하는 행위에 관하여 등록부에 기록하였으나 그 행위가 무효임이 명백한 때에는 신고인 또는 신고사건의 본인은 사건본인의 등록기준지를 관할하는 가정법원의 허가를 받아 등록부의 정정을 신청할 수 있다.

4. 의무

(1) 허가의 재판이 있었을 때에는 재판서의 등본을 받은 날부터 1개월 이내에 그 등본을 첨부하여 등록부의 정정을 신청하여야 한다.

(2) 확정판결로 인하여 등록부를 정정하여야 할 때에는 소를 제기한 사람은 판결확정일부터 1개월 이내에 판결의 등본 및 그 확정증명서를 첨부하여 등록부의 정정을 신청하여야 한다.

09 가족관계등록 등에 관한 법률상 불복 절차

1. 신청

등록사건에 관하여 이해관계인은 시 · 읍 · 면의 장의 위법 또는 부당한 처분에 대하여 관할 가정법원에 불복의 신청을 할 수 있다.

2. 절차

(1) 신청을 받은 가정법원은 신청에 관한 서류를 시 · 읍 · 면의 장에게 송부하며 그 의견을 구할 수 있다.

(2) 시 · 읍 · 면의 장은 그 신청이 이유 있다고 인정하는 때에는 지체 없이 처분을 변경하고 그 취지를 법원과 신청인에게 통지하여야 한다.

(3) 신청이 이유 없다고 인정하는 때에는 의견을 붙여 지체 없이 그 서류를 법원에 반환하여야 한다.

3. 법원의 결정

(1) 가정법원은 신청이 이유 없는 때에는 각하하고 이유 있는 때에는 시 · 읍 · 면의 장에게 상당한 처분을 명하여야 한다.

(2) 신청의 각하 또는 처분을 명하는 재판은 결정으로써 하고, 시 · 읍 · 면의 장 및 신청인에게 송달하여야 한다.

4. 항고

가정법원의 결정에 대하여는 법령을 위반한 재판이라는 이유로만 「비송사건절차법」에 따라 항고할 수 있다.

2025 박문각 행정사 2차

이준희 행정절차론 핵심요약집

초판인쇄 | 2024. 11. 11. **초판발행** | 2024. 11. 15. **편저자** | 이준희
발행인 | 박 용 **발행처** | (주)박문각출판 **등록** | 2015년 4월 29일 제2019-000137호
주소 | 06654 서울시 서초구 효령로 283 서경 B/D 4층 **팩스** | (02)584-2927
전화 | 교재 문의 (02)6466-7202

저자와의 협의하에 인지생략

정가 12,000원

ISBN 979-11-7262-323-4